LA AMIGA QUE ME DEJÓ

Nuria Labari nació en Santander (1979) y vive en Madrid. Es autora del libro de relatos *Los borrachos de mi vida* (Lengua de Trapo, 2009, ganador del VII Premio de Narrativa de Caja Madrid) y de las novelas *Cosas que brillan cuando están rotas* (Círculo de Tiza, 2016), *La mejor madre del mundo* (2019) y *El último hombre blanco* (2022), ambas publicadas en Random House. Su último y esperado libro de cuentos, *No se van a ordenar solas las cosas* (Páginas de Espuma, 2024), fue uno de los finalistas del VIII Premio Ribera del Duero de Narrativa Breve. Ha participado en las antologías *Pequeñas resistencias V* (Páginas de Espuma), *El diablo apuesta a todo* (Lengua de Trapo) y *Pecadoras capitales* (Random Cómic), y publicado el libro ilustrado *El gran libro de los niños extraordinarios* (Silonia) junto con la artista gráfica Quan Zhou. En 2020, tras la pandemia, fundó Circo de Circe, un espacio de creación y pensamiento nómada donde creadoras y creadores imparten talleres, buscan refugio y viajan al lugar y el tiempo donde los textos nacieron. Su obra ha sido traducida al inglés, al rumano y al sueco. En la actualidad, escribe semanalmente una columna de opinión en el diario *El País*.

NURIA
LABARI

LA AMIGA
QUE
ME DEJÓ

Anatomía
de una ruptura

EN DEBATE

Papel certificado por el Forest Stewardship Council®

Primera edición: octubre de 2025
Quinta reimpresión: abril de 2026

Printed in Spain – Impreso en España

ISBN: 978-84-10433-06-9
Depósito legal: B-12.252-2025

Compuesto en La Nueva Edimac, S. L.

Impreso en Huertas Industrias Gráficas, S. A.
(Fuenlabrada, Madrid)

C433069

Índice

HELENA: Pero ¿sabes de algún medio para vencer la obstinación de los espejos?

HÉCTOR: Sí, pienso en eso desde hace un momento.

HELENA: Si se rompen, ¿desaparece por ello lo que reflejaban?

HÉCTOR: Ese es el problema.

JEAN GIRAUDOUX,
La guerra de Troya no tendrá lugar

Algo imposible

Mi amiga me dejó. No, eso no lo puedo escribir así. Parece que se ha muerto. Las amigas no se dejan, las amigas son quienes te acompañan a lo largo de la vida. Las amigas se distancian, te dan largas. Las amigas te dicen que quieren quedar pero luego no, después no pueden y tardan semanas, a veces tardan meses, incluso años, les crecen los hijos a las amigas que ya no te quieren ver o no te necesitan o no tanto. Mis hijas también han crecido mientras me separaba de mujeres a las que quise. Pero, aun así, no dejas a las amigas, solo las esperas en un futuro que no sabes si llegará o cuándo. Durante un tiempo no hablas tanto, no bailas tanto, no sabes dónde les duele ni ellas dónde te duele a ti, pero aun así hay más espera que abandono. Dejarse es otra cosa. Los tíos te dejan, las amantes te dejan, las relaciones románticas se rompen, las amigas se acompañan. A veces se distancian, eso lo sé, incluso se bifurcan porque la vida es impetuosa a la hora de elegir su camino. Y yo también. Pero lo nuestro no fue así. Ella lo decidió por las dos. Y no lo hizo en un momento cualquiera, sino en uno muy difícil para mí. Atravesaba uno de los momentos más complicados de mi vida cuando una amiga importante, quizá la más importante en ese momento, necesitó dejar de verme. Y de hablarme.

Define importante. Importante fue, por ejemplo, llamarla desde el baño de una de esas cafeterías donde la fuerza productiva desayuna y fuma sin placer en círculos de personas grises como el humo. Llamarla digo desde un baño forrado con azulejos marrones y con un olor a orín viejo colándose entre el de la lejía perfumada de rosa, llamarla desde allí con un test de embarazo en la mano, las bragas abajo y dos hijas en casa para decirle que necesitaba abortar. Importante fue para mí hacerle esa llamada a ella antes que a nadie, antes que a él. Hacer esa llamada donde sabes que no habrá juicio, una llamada en el abismo que pide una red. Era así de importante. Me abrazó ese día. Y durante años después. Siempre fue red. Solo puedo darle las gracias por todas las veces que me hizo sentir que no caería hasta el suelo. Una amiga es eso, una red extendida a un milímetro de la tierra seca: un milagro.

El día que decidió terminar no me bloqueó, no hizo ninguna tontería tecnológica. Me pidió silencio y lo guardó escrupulosamente durante días, semanas, meses y años. Lo guardó para siempre en realidad, incluyendo fechas señaladas. Apareció un par de veces, diría que en respuesta a la insistencia de mis mensajes y no porque cambiara de idea. Y cuando lo hizo dejó manifiesto su deseo de no hacerme daño mientras me lo hacía. Ocho meses después del primer silencio me escribió un wasap por mi cumpleaños: «Nuria, deseo sinceramente que seas feliz, que puedas afrontar los obstáculos de la vida con buen ánimo y que nunca te falten fuerzas, que seas amada y que puedas amar de la manera que mereces. beso». He modificado un poco el texto original para no exponer nuestra intimidad desnuda, pero no el asunto fundamental que analizaremos aquí. Y es que escribió «beso» así, con una b minúscula después del punto, que es como solía escribirme siempre. Ella es la persona que peor escribe por WhatsApp de las que he conocido, nunca respeta la gramática y sus textos reflejan el hartazgo de tener que teclear despacio lo que piensa deprisa, como si la tecnología instantánea fuera, en realidad, una rémora. Normalmente no habría escrito el punto antes de la b. Y eso habría estado bien. Pero el punto quería decir que estaba intentando ser cuidadosa, ser como todo el mundo cuando escribe, no responder a nuestra vieja intimidad. Pero ni siquiera tan cuidadosa como para respetar la mayúscula. Lo leo hoy y casi me parece otro de sus abrazos. Pero entonces solo podía leer «que seas amada y que puedas amar de la manera que mereces». Es decir, que te amen otras y otros, porque yo nunca más. Y «de la manera que mereces»: que te amen como si fuera un castigo. Aquella felicitación me pareció un correctivo, el castigo de que ella no quisiera amarme más. ¿Incluso en mi cumpleaños quería recordarme que no estaba dispuesta a quererme? «De la manera que mereces». ¿Puede alguien completar esa frase, por favor? ¿Cómo me merezco? ¿Es el amor meritorio entre las amigas? Me venían frases de tóxico romanticismo heterosexual. «Quiéreme cuando menos lo merezca, que será cuando más lo necesite», «Amor significa no decir nunca lo siento».

El mensaje estaba claro, solo tenía una lectura posible: no te quiero. No te mereces que te quiera más. Nunca más. b. No te mereces ni siquiera una B mayúscula cuando yo pose sobre tu mejilla la palabra «beso». Eso leí. He dejado de quererte. Y respondí dolida, puede que enfadada: ahora creo que estaba enfadada y no solo herida. Llevábamos ya un año sin vernos ni hablarnos cuando, un mes después de rumiar la *terrible* felicitación, publiqué una columna en el diario *El País* (junio de 2023) que titulé «Aprender a desquerer a una amiga (sin relato disponible)». Fijaos qué convencida estaba entonces de que la amistad debía ser un ejercicio recíproco. Estaba segura de que, si ella no me quería, si ella no me creía merecedora de su amor (puede que de ninguna clase de amor), entonces yo debía concentrarme en aprender a desquererla, igual que ella había necesitado dejar de hablarme y frecuentarme.

Recibí muchos comentarios después de publicar aquel texto. Mensajes de personas que habían sido abandonadas por sus amigas, como yo. Pero también me escribieron quienes habían sido las abandonadoras de sus afectos. Unas y otras entendían mi falta de relato y reconocían el desierto paisaje que deja tras de sí una amistad interrumpida. Recibí decenas, tal vez cientos de mensajes privados, sobre todo por Instagram, más que por ningún otro texto que haya publicado. Lo que todos tenían en común era reconocer lo difícil que es poner un punto final detrás de la palabra «amistad». No es algo que se pueda explicar, una sabe que no hay nada que decir, y sin embargo es imposible dejar la frase inacabada.

«Desquerer», «relato» y «amiga» se convirtieron en fantasmas, sombras que me perseguían como un enigma. Me negaba a tratar con la idea de dejarnos, de haber sido dejada, en realidad. ¿Acaso había romantizado nuestra relación? Peor aun: ¿acaso había romantizado la palabra «amiga»? ¿Cuánto podía exigir a ese sentimiento? ¿No la había convertido en un pozo infinito de expectativas y reciprocidad? No tenía nadie con quien hablar sobre ello. Durante un tiempo, y gracias a aquella columna, intercambié mensajes por Instagram con personas que no conocía y que habían pasado por algo parecido, mientras las amistades que las dos teníamos en común se convirtieron en embajadores suizos. No preguntaban, no opinaban, decían que no querían caer de uno u otro bando y, en consecuencia, hacían como si nada hubiera pasado, como si no hubiésemos existido. Hubo muchas personas alrededor de nuestra amistad, amigas y amigos con quienes nos sentamos a hablar frente a un fuego, abrimos regalos, compartimos vino, viajamos a Jerusalén una primavera en que nevó, fumamos muchísimo tabaco. Pero ya nadie fuma y todo el mundo prefirió no pronunciarse. Hubo alguna persona muy allegada de mi amiga que decidió dejar de hablarme como respuesta a lo sucedido. Entendí que a eso se le llama elegir bando. Pero ¿de qué bandos hablaban quienes nos conocían? Yo no tenía ninguno. No había ninguna guerra, y además estaba completamente sola. Más sola que en cualquier desencuentro amoroso, profesional o familiar que pudiera imaginar. Si hubiera sido una ruptura romántica, entonces sí (habría tenido derecho a horas de desahogo, incluso a monopolizar todas las conversaciones y cafés); si me hubieran echado del trabajo, entonces también; si me hubiera dejado de hablar un familiar, podría haber justificado un año de terapia. Pero cuando te deja una amiga solo existe un foso de silencio bajo los pies. No es una metáfora, es un desierto que se puede pisar. Y que hay que transitar descalza.

De ese desierto me hablarían, poco después de que ella decidiera romper, las filósofas Paula Ducay e Inés García en su podcast «Punzadas sonoras». En noviembre de 2022, cinco meses después de la ruptura, dedicaron un episodio a la amistad. Estas dos filósofas están especialmente interesadas en la obra de Roland Barthes (juraría que están consiguiendo que toda España lea *Fragmentos de un discurso amoroso*) y hacia la mitad del capítulo analizan la figura del *mutismo* propuesta por el escritor, ese momento en que el sujeto amoroso (en este caso, yo) se angustia por que el objeto amado (o sea, ella) «responda parsimoniosamente o no responda a las palabras, discursos o cartas que le dirige». Es decir, que una habla mientras la otra «mira y escucha otra cosa, buscando a su alrededor». Es por eso que, según Barthes, cuando tu amiga (u objeto amado) ya no te escucha tienes que elegir entre «hablar en el desierto» o «detenerte y renunciar». Aunque yo no encuentro una gran diferencia entre hablar en el desierto y detenerme o renunciar. En realidad, puedo hacer las tres cosas a la vez: hablo en el desierto, estoy paralizada y he renunciado.

«La peor cosa que me pueden hacer es ignorarme. Puedes gritarme, puedes insultarme, pero que pases de mí, que hagas como que no estoy, no lo soporto», confiesa Inés García en un momento del episodio. Yo tampoco lo aguanto. Y, según Barthes, es lógico. Porque, para él, los momentos en que una habla para la nada son una forma de muerte. Y, si esto es así, ella ha traído la muerte a la puerta de mi casa, dado que el ser amado (o sea, ella) «se convierte en un personaje plomizo, en una figura de sueño que no habla, y el mutismo, en sueños, es la muerte», según Barthes. Escucho las Punzadas de Paula e Inés y pienso que a lo mejor lo que me está matando es que necesito que ella me identifique, que me vea, que me haga existir. Me doy cuenta de que, si ella no me escucha ni me ve, puede hacerme desaparecer. Aunque, al mismo tiempo, sigo aquí.

Es por eso, porque aún estoy aferrada a estas líneas, por lo que Barthes no me convence del todo (y que mis admiradas Punzadas me perdonen). Es como si fuera el mejor taxidermista del mundo, con todas las mariposas identificadas y analizadas sobre su erudita mesa para mostrarme la belleza de este mundo. Y, sin embargo, lo único que alcanzo a pensar ante semejante despliegue es que ninguna vuela. A decir verdad, encuentro el típico aroma ensimismado de la Escuela de París (como si no hubiera más pensamientos en el mundo que los que laten en la cabeza de cada intelectual) en la forma en que Barthes entiende la amistad. Por alguna razón, él relaciona al amigo con el sonido y al sonido con su pensamiento. Dice: «Como una mala sala de conciertos, el espacio tiene rincones muertos donde el sonido no circula. El interlocutor perfecto, el amigo, no es entonces el que construyó en torno a nosotros la mayor resonancia posible. ¿No puede definirse la amistad como un espacio de sonoridad total?». No sé a qué clase de conciertos fue Barthes, pero me parece que bailó poco en ellos, que sudó menos la camiseta de la amistad que la de la filosofía. O que creyó, por algún motivo, que eran camisetas distintas. Yo creo que el interlocutor perfecto puede ser un profesor, un completo desconocido o un psicoanalista, y que una amiga es otra cosa, algo muy distinto a un mero receptor de mis discursos. No me gusta que Barthes vea en la amistad una forma de descifrar a las demás personas como receptáculos de sus discursos, algo que forma parte de una herencia de la que no quiero formar parte, pero de eso me daré cuenta más tarde. De momento estoy en el desierto, quieta y sola.

Voy a terapia dos veces por semana. No es solo por ella, ya he dicho que me dejó en uno de los momentos más complicados que recuerdo. Pero, a medida que bajan las llamaradas de mis otros incendios, se vuelven más altas las nuestras.

Mi psicoanalista se esfuerza en que supere el daño que esta separación me causa y lo único que tiene para sanarme son mis palabras, así que lo considero destinado al fracaso, aunque nunca se lo digo, por respeto a su trabajo. Realmente se esfuerza en ayudarme, y ese hecho es quizá lo más sanador de la terapia. Él me ayuda a poner palabras a lo ocurrido, pero lo único que yo quiero es ir corriendo a casa de mi amiga, llamar al timbre, aporrear la puerta, cruzar la verja y besarle el pecho. Quiero meter mi cabeza en el hueco entre sus pechos y aspirar, volver a oler el mundo desde su piel, no es nada que esté sucediendo en mi cabeza, nada que pueda interpretar o poner en palabras. «Solo quiero olerla, ¿entiendes?», le digo. Es que echo furiosamente de menos el olor de nuestra intimidad o verla tumbada en la playa bocabajo mientras dormita y lee y me mira entre dos páginas, aburrida, y sonríe. No necesito ninguna sala de conciertos ni que escuche lo que tengo que decirle. En vez de eso, quiero verla salir de su habitación en verano, con el pelo un poco quemado y el peso de la resaca de la noche anterior pegado en la garganta, quiero que huela a pan recién tostado y que ella me mire sin hablar mientras coge el cuchillo de untar la mantequilla, para suplicarme que me calle, que no hable tan alto, que aprenda a estar en silencio por las mañanas. A lo mejor es lo que siempre hizo, pedirme que me callara.

No quiero hablar de nuestros problemas, explico a mi terapeuta. Lo que quiero que sepas es que le gustaban las peonías recién cortadas, la madera seca, que siempre dejaba un pellizco cítrico flotando en el aire cuando venía a casa, que prefería medir el tiempo con el ritmo de una fuente goteando que con la aguja de un reloj, que ella era una mujer muy brusca pero enamorada de la delicadeza. Y que nuestra amistad no es para mí un hecho aislado, sino parte de mi arquitectura afectiva. Lo que intento decir es que me he caído y que eso no es culpa de ella, pero no sé si seré capaz de levantarme si no está aquí. No sé quién soy. Pero sospecho que soy alguien que está mal. Que le ha hecho mal. Que hace cosas malas.

Mi amiga me había dejado desustanciada, vacía, sin esencia. Y no había palabras en el mundo ni salas de conciertos lo suficientemente bien sonorizadas que pudieran ayudarme a tratar con ello. Lo de la esencia no es una metáfora del alma, sino un hecho literal. Desde que me dejó solo hay dos tipos de fragancias para mí: las que huelen mal y las que me recuerdan a ella. Así que cada mañana elijo entre oler mal el resto del día o vaporizarme algo que me recuerde a ella en el cuello, en el punto exacto donde podría morderme un vampiro o besarme una amiga. «Me va a tomar algún tiempo –dijo mi psicoanalista cuando le confesé el asunto del perfume–, puede que meses, ya sabes que esto es lento. Pero voy a encontrar un nuevo aroma para ti. A lo mejor necesitas cambiar de colonia. No digo que sea fácil, pero no es nada que no consiga la determinación y el estudio de un buen psicoanalista», aseguró.

Ella siempre elegía perfumes clásicos, de hecho, todo en ella parecía aspirar a esa clase de eternidad que prometen las fragancias caras y todo lo caro en general. Ella, que no siempre había tenido dinero, guardaba bolsos heredados en el armario y conservaba objetos valiosos que habían pasado de una generación a otra. Con los años se había convertido en una mujer rica, tenía mucho más dinero que toda la gente que conozco y que la mayoría de los que conocía ella, lo que significa, entre otras cosas, que ella tenía mucho más pasado que el resto. Una de sus fragancias favoritas, con la que yo me dolía cada mañana, era Eau d'Hadrien, un clásico diseñado por la perfumista Annick Goutal después de leer *Memorias de Adriano*, de Marguerite Yourcenar, durante un verano en Italia. Su esencia se describe así: «Más que un recuerdo, esta fragancia encierra toda una campiña iluminada por el sol de la Toscana, un cóctel de cítricos brillantes, un perfume de deliciosa frescura, discretamente elegante e increíblemente moderno». Eso era lo que me estaba echando encima: más que un recuerdo, una historia, un cóctel de tiempo y falta de sentido que estaba a punto de devorarme. Annick Goutal está muerta, por cierto. Y, sin embargo, su aroma sigue traspasando el tiempo. Ojalá yo pudiera alguna vez ser digna de llevar todo ese pasado brillando en mi cabellera, como se llevan las coronas o el laurel. Aunque las coronas también pueden ser de espinas.

En aquel momento no pensé que mi psicoanalista fuera en serio, pero pasados los meses apareció en la sesión con una receta manuscrita y, para mi sorpresa, no eran ansiolíticos de contrabando. La fragancia en cuestión se llamaba 724 y había sido diseñada por el perfumista Francis Kurkdjian, un joven francés de ascendencia armenia que la definía así: «Luminoso y efusivo, cómodo y adictivo, el 724 te invita a vivir al ritmo de la ciudad. En la nota de cabeza se percibe un acorde urbano fresco, la sensación de una frescura limpia y energizante como la que emana de las lavanderías de Nueva York de madrugada». «¿Pretendes que huela a detergente?», pregunté. No hay nada más sofisticado que esta lavandería, no tengas miedo de parecer vulgar por oler a barrio y a limpio. El perfume más antiguo, como el mejor vino, también puede volverse rancio. Y siguió con el prospecto: «Está formada por la bergamota y la verticalidad de los aldehídos con sus sofisticadas facetas, ligeramente metálicas y efervescentes. En el corazón de esta arqui-

tectura tan vertical se siente un aura aérea traducida por un buqué de flores estructurado por el
absoluto de jazmín Grandiflorum, la arvejilla y la
seringa. En el fondo, una sensación envolvente y
reconfortante toma el relevo de esta burbuja de
blancura, gracias a un acorde de madera de sán-
dalo y almizcles blancos». El nombre, 724, hacía
referencia a siete días por veinticuatro horas, a
esa forma de no parar que, a mi pesar, parecía
estar más en el centro de mi esencia que cualquier
aburrida naranja de la Toscana. Lo de oler a detergente y a limpio me recordó a la colada recién
tendida de mi madre, a mi barrio, y no a las lavanderías de Nueva York, que nunca había pisa-
do. El envase de 70 mililitros costaba 205 euros
y no se podía adquirir en ninguna perfumería de
Madrid. Un precio prohibitivo solo por descubrir
si me gustaría el aroma. Porque mi esencia solo
se vendía por internet, no había donde probarla
en Madrid, y no llegaría a olerla hasta mucho
después. Pero aquel prospecto me ayudó. Francis
Kurkdjian tenía ropa recién tendida para mí.

«El duelo tiene una lógica contradictoria:
siempre desea algo imposible, algo peor y algo
mejor», escribe Catherine Lacey en *Biografía de
X*, una novela sobre el duelo de una viuda y la
reconstrucción de la mujer muerta, del amor que
ha perdido y de todo lo que en ella desconocía. Se
trata, según parte de la crítica estadounidense,

de la novela del año en 2023. En Madrid, leo el libro antes de que llegue a las librerías, porque me encargan entrevistar a la autora para la revista *Lengua*, del grupo Penguin Random House. En el libro, la protagonista trata de escribir la biografía de su esposa recién fallecida y, al hacerlo, descubre que ignoraba casi todo sobre ella, es decir, que amaba a una completa desconocida. Este hecho impacta a muchos lectores en todo el mundo, que asisten a la reconstrucción de esta oscuridad con miedo y cierto desencanto. Catherine Lacey se carga el mito de la transparencia del amor y de paso machaca también todos los mitos que construyen esa otra quimera llamada Estados Unidos. «Estados Unidos no existe», sentencia el día de nuestra entrevista. A mí me hace gracia que alguien que habla así haya escrito la última gran novela americana y que lo haya hecho precisamente desde México. Me gusta Lacey. Tiene treinta y nueve años y el rostro de una niña. Es divertida y tintineante y huele, juraría, un poco a Nueva York y otro poco a tamal caliente cocinado muy lejos de allí. En algún momento de nuestra breve charla me dice que está enamorada y que no tiene miedo a la oscuridad de su marido. Comprendo entonces que su libro nace de un amor lejano, de un duelo que ha sido superado, si es que tal cosa es posible. «Algo imposible, algo peor, algo mejor», recuerdo. Y pienso si ella habrá descubierto una forma de entender el amor mejor que la vieja fórmula que parece haber dejado atrás.

A diferencia de muchos de sus lectores, a ella no le resulta terrible ni triste el hecho de que las personas que amamos sean, al mismo tiempo, unas completas desconocidas. «Respeto a mi marido lo suficiente como para saber que nunca llegaré a saberlo todo sobre él», me dice. Ella tiene muchos tatuajes, en las piernas, en los brazos, en la clavícula. Observo dos lunas llenas, un clip de escritorio, una paloma Espíritu Santo, una cigarra. Quiero saber qué significan y por qué se hizo cada uno, porque creo que me vendrá bien para adornar un poco mi texto. Ella sabe que lo pregunto para eso, para dar color a la entrevista, y no por ningún interés literario concreto, así que me responde, escueta: «Significa que me gustan los tatuajes». Es más lista que yo, y eso me gusta.

Después, no soy capaz de entregar la entrevista a Catherine Lacey a tiempo. No respondo a los mails que la reclaman, me bloqueo. En vez de eso, comienzo a escribir este libro. Comienzo una libreta que se titula así: «Algo imposible, algo peor, algo mejor». Y sé que haré un libro que me ayude a convivir con la lógica contradictoria de nuestra amistad. Repito muchos días: «El duelo tiene una lógica contradictoria: siempre desea algo imposible, algo peor y algo mejor». Pero ¿qué significa?

Puede que la respuesta sea tan evidente como la tinta negra que Lacey se ha inyectado bajo la piel para recordarse que su cuerpo es finito. El significado existe, pero no donde lo estoy buscando: la respuesta no está en la tinta, sino en la piel. Lo importante entre nosotras tampoco deben ser los hechos o las palabras, y mucho menos las explicaciones. Lo importante es el duelo y el deseo trenzado con eso que es imposible, eso que es peor y eso que será mejor. Recuerdo un verso de Paul Valéry: «No hay nada más profundo que la piel». Voy a necesitar excavar para acariciar eso que tengo en la punta de los dedos, de la lengua, de la b minúscula que su boca ha posado sobre mí.

La primera contradicción es, sin duda, que lo contradictorio se esconda tan hondo. Los primeros meses no puedo creerlo, no estoy aceptando lo que pasa, sino esperando que deje de suceder. Si lo piensas, es imposible que esté pasando, que ella nunca piense en mí, que no se le escape un solo mensaje, que no quiera darme una explicación, que no le duela tanto como a mí. Me da vergüenza decírselo a otras amigas, compartirlo en las cenas más íntimas, hasta mi experto psicoanalista cambió las palabras por un perfume. Supongo que me resulta imposible aceptar la evidencia porque duele demasiado.

Cuando una amiga te dice que no mereces la pena, estás muerta, no sabes qué hacer con esa herida. Ni siquiera escribir era un bálsamo, pues hasta la escritura enmudeció. Escribía mucho, sí, pero solo textos que eliminaba después, empecé un relato sobre nosotras dos que abandoné, pero sobre todo escribía mensajes que borraba antes de enviar. Después de la entrevista de Lacey, cuando pensé en la posibilidad de dedicarle un espacio de reflexión a mi duelo, me cubrió una ola de vergüenza. Incluso cuando hablé con mi editor sobre la idea de escribir un breve ensayo sobre la amistad, sentí que sería malo para mí intentarlo. Dije que me apetecía hacerlo, me sentía capaz. Aquella tarde, mi editor y yo habíamos tomado varios Aperol spritz y mi ánimo estaba especialmente burbujeante, pero después no me sentí capaz de cumplir con la idea del libro. Retrasé la entrega del manuscrito cuando, en realidad, no me había atrevido siquiera a empezarlo. Después de todo, ¿quién quiere leer el libro de una tipa a quien dejan las amigas?, ¿en qué clase de monstruo me convertiría eso? Tres, diez o cien rupturas amorosas podrían construir una imagen seductora, misteriosa, interesante de mí misma. Incluso la confesión de una relación romántica dañina o enfermiza supone un espacio de denuncia y resignificación de la pasión amorosa. Pero yo no tengo nada que denunciar, yo solo soy esa mujer a la que dejan sus amigas. Y eso me da mucha vergüenza. Y me hace sentir culpable.

Lo único que no puedo pasar por alto es que esos son los dos sentimientos que alientan los mejores textos literarios que he leído. Podría no ser tan mala idea. Podría incluso hacerme algún bien.

Pero, un momento, ¿no era una sola amiga?, ¿acaso no estoy analizando el duelo por ella? Lo cierto es que, llegados a este punto, ni yo misma lo sé. Ella es la más importante, pero no es la única que he perdido. Había una chica, V., que fue mi amiga en el instituto. Bajábamos juntas la cuesta de los Escolapios camino al instituto en Santander y nuestras risotadas eran francas y jóvenes. Era muy lista, creo que terminó estudiando una ingeniería. La perdí y no recuerdo por qué, creo que fue por crecer, marcharme a otra ciudad, convertirme en otra. Pienso ahora si ella, que se quedó, se sintió abandonada. Y lamento si así fue. Luego está N., mi compañera inseparable de la universidad. A N. le gustaba crear acrónimos infinitos (de cincuenta o cien letras) para memorizar definiciones de filosofía o ciencia política. Una vez me regaló un libro con los poemas completos de Konstantínos Kaváfis y me lo dedicó con un acrónimo de veinticinco letras que ahora no sé descifrar. Abro muchas veces ese libro y lo intento, como si la distancia que se abrió entre nosotras pudiera estar también explicada en ese acrónimo.

Y, por supuesto, está M., la amiga a quien una

vez elegí dejar. M. me trataba mal, no sé por qué lo hacía, pero lo hacía, y durante años yo no lo veía. Algo me dolía, pero no era capaz de explicarme de dónde venía ese dolor. Era como si me clavaran alfileres invisibles, a veces el roce de una navaja afilada, al final un cuchillo. Cuando eso pasaba, era como si M. no soportara mi presencia en una habitación y, al mismo tiempo, como si no estuviera dispuesta a permitir que saliera por la puerta jamás. Un día, después de la pandemia, me explicó que estaba muy enfadada conmigo. M. se disgustaba conmigo a menudo y por razones que me hacían sentir mal aunque nunca las entendía bien, o no del todo. Se enfadaba porque veía a otras amigas, porque no le gustaba tanto el centro de Madrid como a mí, porque decía la verdad sobre asuntos sobre los que ella prefería mentir, porque aparecía en sus pesadillas. Después me confesaba sus malos sentimientos hacia mí, y a mí su sinceridad me parecía una prueba de amor definitiva. Si era mi amiga, debía aceptar su oscuridad. En su último enfado, el de 2020, creí que tendría que disculparse y reconocer su arbitrariedad porque, esta vez, yo no había podido hacer nada que pudiera molestarla: había estado literalmente encerrada, como todo el mundo. La pandemia era mi coartada. «No es nada que hayas hecho –me explicó entonces M.–, es por el principio de entropía». M. es física y, en esta ocasión, recurrió a la termodinámica como sofisticada herramienta de manipulación. La entropía, según me explicó con dulzura pedagógica, es una medida del desorden dentro de un sistema. Si yo no entendí mal, resulta que los sistemas tienden a evolucionar hacia estados cada vez más desordenados, donde las partículas están distribuidas de manera más aleatoria. Y lo que M. quería decir es que yo era una medida de desorden dentro de su equilibrio vital. O eso me pareció. Cuando protesté, aseguró que la entropía no era mala, que no me sintiera mal, porque se trataba, simplemente, de una ley física. Es decir, que el hecho de que yo la hiciera sentirse mal era físicamente inevitable y que, en consecuencia, su disgusto era un enfado científico. Después leí que, en el área de la termodinámica, la entropía es la magnitud que mide la parte de la energía que no puede utilizarse para realizar trabajo y que, en consecuencia, se pierde. Por eso, en un sistema aislado, una pequeña cantidad de energía se disipará siempre fuera del sistema. M. salió de mi vida poco después. Esta vez fui yo quien le pedí que se fuera; intentó entrar de nuevo, y no quise. No me arrepiento de haberle dicho adiós. Hablamos largo y tendido, se lo expliqué, ella sabe lo que pasó, sabe que pasó muchas veces y, según ella misma reconoció, no se sentía capaz de garantizar que no volviese a pasar. «A veces hago daño a la gente que más quiero –me confesó M.–. Y a ti te quiero muchísimo. En el fondo, podrías estar orgullosa». M. era brillante y divertida, poseía la extravagancia que a menudo despliega la inteligencia. Fuimos felices juntas. Pero M. necesitaba poner a prueba mi amor una y otra vez. Y las pruebas que elegía me hacían daño. M. necesitaba mi daño. No siento vergüenza ni culpa cuando pienso en nuestra ruptura. Solo dolor.

La cuestión ahora es que si le pongo palabras, si lo cuento todo, creo que el mundo entero me apuntará con lanzas afiladas: ¿y tú qué le hiciste?, ¿qué clase de persona eres para que ella tuviera que dejarte? Y si ella te ha dejado, la mujer a quien tú tanto admiras y valoras, la que es distinta de todas las amigas que perdiste antes, ¿por qué no iba a hacerlo el resto? Soy la clase de persona a la que dejan las mejores y me siento en la obligación de decírselo a las personas que aún me quieren. ¿Acaso no debería prevenirles, advertirles sobre mí? Me digo que quizá sea mejor esconder que la he perdido. Definitivamente, no me conviene decirlo en voz alta, no debería ni siquiera pensarlo. No es lo mismo distanciarse de una amiga porque el tiempo o la vida os han alejado, ni siquiera discutir y dar un portazo con otra que te hizo sufrir. Si tu amiga se aleja de ti sin explicación de un día para otro, si decide alejarse de ti esa que mejor te conoce, esa que sabe quién eres de verdad, es porque eres un monstruo. Escóndete, cállate, no se lo digas a nadie. Pon un pie en el sendero de lo imposible y después otro, da otro paso y uno más hasta que te sientas suspendida en el centro mismo del abismo. Y entonces, cuando la mano a la que otras veces te agarraste se haya convertido en la de un fantasma inasible, húndete.

O escribe.

Y flota.

Pero la escritura no funcionará con ella. Me doy cuenta de que escribir sobre nosotras es estéril. Lo que yo quiero es que ella vuelva a escribirme, que me envíe una sola B mayúscula con un nuevo Beso. Pero eso no pasará. Yo, en cambio, sí le escribo, más que nunca en realidad. Decenas de wasaps, mensajes larguísimos que acumulo en una nube blanca de cosas no dichas. Escribo enfadada, arrepentida, triste, exigente, cansada… Y como no quiero que se me escape ninguno de estos mensajes por error ni que ella pueda llegar a ver en mi estado que le estoy escribiendo (esos puntitos flotantes y delatores), inicio una nueva conversación en wasap con mi propio contacto en un grupo al que llamo «Nosotras»; tiene un solo contacto añadido (el mío) y una sola persona envía mensajes (yo). Allí es donde empiezo a escribir todo lo que quiero decirle a ella. La imagen de perfil de Nosotras es la foto de un ramo de peonías que un día me regaló. Voy en el metro y abro Nosotras, me ovillo en el sofá con el móvil en la mano y busco secretamente Nosotras, en un avión antes de despegar hacia algún destino que en su día compartimos (Venecia, Grecia, Bilbao...) le dedico unas palabras que borro inmediatamente. Tengo abierta una línea invisible hacia ella y tecla a tecla voy aceptando que el único lugar donde sucede el conflicto entre Nosotras es en mi propio interior. Un interior cada vez más vacío, porque siempre que termino de escribir un mensaje lo elimino, como si estuviera borrando cualquier posibilidad de memoria entre las dos. Aunque alguna vez no me resistiera a enviárselo. Hay un día en que sí le envío uno de esos wasaps. Es el 30 de noviembre de 2022. Recuerdo la fecha porque ese día conocí a la escritora Deborah Levy, una mujer que ha empleado buena parte de su obra en descifrar cómo se puede contar una sola vida y otra tanta en la importancia de encontrar una voz honesta para hacerlo, dos asuntos que me resultan imprescindibles para poder escribir sobre lo que nos pasó.

Más allá de mi admiración literaria, sucede que Levy tiene un escalofriante parecido físico con ella. Levy nació en 1959 en Johannesburgo (mi amiga, pocos años antes) y tiene los mismos ojos azules y gélidos que ella. Dos diamantes de hielo en la cabeza de un volcán y esa forma desafiante y británica de mover un cuerpo grande que se sabe poderoso y fuera de la norma. Las dos son mayores que yo y con ambas transito (sea en la lectura de una o en la compañía de la otra) una experiencia cuántica del tiempo. Me refiero a que siento que las dos poseen una experiencia personal que está muy lejos de la mía pero que la atraviesa. Es decir, son lo que está lejos y lo que está en el centro mismo de mi experiencia, a la vez. Como si me tendieran una mano capaz de rasgar la sábana de tiempo que los mortales llevamos encima. Es como si pudieran entender no solo cómo me siento, sino también cómo voy a sentirme dentro de unos años, aunque yo aún ni siquiera lo sospeche. La literatura de Levy, igual que la compañía de mi amiga, me hace sentir que, sean cuales sean los acontecimientos, algunos de los sentimientos más importantes que voy a experimentar a lo largo de mi vida han sido superados por otras antes que yo. La buena literatura, como las buenas amigas, vuelve liviana la pesada capa de tiempo que atravesamos en la vida.

En la entrevista hablamos de la literatura de Deborah Levy, pero en cierto momento ella me da algún consejo para la mía. Debe de ser evidente que necesito ayuda para escribir sobre ciertas cosas. «Si escribes sobre la conciencia humana, realmente no puedes trazar una línea que vaya de un lado a otro, porque la conciencia humana no se puede limitar. Nadie es completamente idiota y nadie es completamente inteligente. Las fronteras de lo humano son difusas, por eso hay que bucear más y más abajo. Creo que el poder del pensamiento profundo es algo mágico y creo que el lenguaje lo es también», me explica Levy. Y luego me dice, solo a mí, en un off the record que no saldrá publicado en la entrevista: «Busca abajo, mucho más abajo». Cuando nos despedimos estoy decidida a llegar a lo más hondo, a ese lugar donde quizás ella me esté esperando. Ese día, como decía, sí le escribí un mensaje: «Hoy he entrevistado a Deborah Levy. Tiene una forma de conectar con un inconsciente profundo que me recuerda a esos espacios del corazón con otro tiempo y otras reglas. Ya sabes que ella también dejó de hablar siendo niña. No sé si se puede hablar a quien no quiere, pero mandar un beso creo que sí. No espero respuesta, es solo que te he besado y creo que esas cosas no deben hacerse mientras la otra persona duerme o no está mirando».

Y lo peor de todo: lo envié. No lo borré. Envié este mensaje, que me pareció amoroso y que, leído apenas dos años después, me parece una agresión, una salvajada. A quién se le ocurre besar sin permiso. Es como el mensaje que Luis Rubiales hubiera escrito a Jenny Hermoso después de ganar el Mundial. Le envié a mi amiga un texto tan patriarcal como el que Giambattista Basile escribió en el siglo XVII en el *Pentamerón*. Su recopilación de cuentos de hadas contiene, entre otras pepitas de oro, una de las primeras versiones de «La bella durmiente», que Basile tituló «Sol, Luna y Talía». En este relato, que se recoge de la tradición oral y que debió de contarse de casa en casa, de niña en niña, no es un príncipe quien despierta a la princesa, sino un rey. Y no lo hace con un beso, sino que viola y deja embarazada a la joven (más bien a la niña) durmiente, que parirá aún dormida a sus dos hijas, Sol y Luna. Después de violarla, el rey la abandona y vuelve con su mujer, que no puede tener hijos, según cuenta la historia, hasta que meses más tarde Sol y Luna extraen del cuerpo de su madre la espina de lino que la dejó dormida, mientras buscan la manera de amamantarse. Más tarde la joven volverá a buscar al rey y padre de sus hijas y juntos quemarán en la hoguera a la reina estéril. Usos y abusos del cuerpo de la durmiente, de la que no está, de la que no puede hacer frente a los mensajes, solo recibir y soportar. Envío, pues, un mensaje cargado de amor y de violencia al que ella, por supuesto, no responde. Lo ve, lo lee. Aparecen los dos tics azules en la pantalla de mi iPhone, pero ella no dice nada.

Ese día su silencio duele cada vez que compruebo que la bandeja de entrada sigue vacía. Y lo compruebo muchas veces. Por supuesto, pienso que está pensando en llamarme, en vernos, en abrazarme de esa manera suya capaz de calmar la tierra bajo mis pies y el aullido en mi pecho, en no verme más, en enfadarse de nuevo. Lo peor: en no decirme nada, otra vez. Es como si me escupiera todo el vacío que llevo dentro en el centro de la cara. Me doy asco. No soporto leer su silencio ni un segundo más. Así que elimino mi mensaje de nuestra conversación. La opción «eliminar para todos» no es posible, dado que ella ya lo ha leído. WhatsApp me recuerda que no puedo retroceder en el tiempo, pero sí al menos dejar de ver los dos tics azules sobre lo que ya he dicho. Antes de pulsar sobre la opción «eliminar» lo copio y me lo envío a Nosotras. Allí no lo elimino como he hecho con tantos mensajes, puesto que este mensaje sí ha sido leído por ella. No borra nuestra memoria, sino que la fija. Y allí es donde he ido a recogerlo, años después, para incorporarlo a este texto.

Días después, cuando ya es seguro que no habrá respuesta, comienzo a escribir la entrevista a Deborah Levy, que arranca con una descripción de la escritora que es, al mismo tiempo, la descripción de ella. Y de lo que siento. Es la primera vez que publico un texto sobre quién fue ella para mí, y estoy hablando de otra mujer: «Deborah Levy es una mujer de aspecto rotundo. Es difícil que esté en una habitación sin que se convierta en el centro de la misma, no por su necesidad de atención sino por su capacidad de desplegar energía. En un salón, ella siempre sería la chimenea. De hecho, parece capaz de dar calor a todo cuanto la rodea, como si en su casa siempre fuera a haber comida para todos o un sofá o un rincón donde descansar. Pero si te acercas demasiado, quema. No es una mujer antipática, pero no se esfuerza en ser agradable; al contrario, subraya las distancias con desconocidos. No malgasta energía en resultar ocurrente; de hecho, no malgasta energía en absoluto. Porque, aunque está hecha de fuego, Deborah Levy sabe que el mundo puede ser un lugar muy frío».

Me pregunto de dónde viene ese frío que envuelve el calor de estas dos mujeres. Deborah Levy tiene en sus manos el frío y el abrigo al mismo tiempo, una sensación que me hace pensar que el mundo es un lugar desamparado y que ella es una cueva donde guarecerme. Algo así como no voy a mentirte, nada de esto va a ser fácil, pero yo voy a estar aquí. Quiero echarme en sus brazos y pedirle que me abrigue del frío que mi amiga ha dejado, pero me comporto como la periodista eficiente que soy. Hoy desearía acceder a todos los mensajes que escribí en Nosotras, me gustaría copiarlos aquí uno detrás de otro, analizarlos, entenderme mejor. Pero de todo lo que intenté decirle no queda ya ni rastro. ¿O tal vez sí?

Sobre esto me iluminará un colega, el escritor Manuel Jabois, cuando confiesa en una de sus columnas que él también escribe mensajes a alguien importante que finalmente no envía. Al principio creo que los dos estamos en la misma situación narrativo-afectiva, pero al leer su texto comprendo que sus mensajes en nada se parecen a los que estoy escribiendo yo, sino, con total seguridad, a los que no me está enviando ella.

Dice Jabois que «escribe un largo SMS a alguien sabiendo, desde la primera palabra, que no lo va enviar; [...] abre un correo, pone la dirección de envío y escribe un texto con la seguridad de que al acabar lo leerá y lo borrará, porque tiene valor para escribir pero no valor para que le lean». Escribe esto en una columna que todo el mundo puede leer, así que se refiere a que le falta valor para que lo lea esa persona importante a quien ama o amó. No teme a la escritura, sino a su amor o, como mínimo, a sus consecuencias. ¿Por qué no tiene valor para enviar el mensaje? No lo tiene porque prefiere quedarse en lo que describe como «la vida en prácticas, su prueba piloto», que consiste en «poder contemplar lo que podría ser pero sin tocarlo». A mí no me falta valor ni fuerza de voluntad para la vida juntas, para hablar, para abrazar, para equivocarme, lo juro. Pero eso da igual, porque no consigo interferir en lo que ella siente, no escucha mis golpes contra la pantalla ni contra mi pecho, no escucha mi lamento ni mi deseo, así que nada de lo que diga o haga la hará cambiar de idea.

Yo no le mando mis mensajes porque sé que no me responderá. Y ella no me escribe porque sabe que le respondería inmediatamente. Mi amiga ha elegido «la vida en prácticas», esa donde no llegan los mensajes y las palabras no tienen consecuencias. A lo mejor le gusta contemplarme pero sin tocarme, como se contempla la belleza que te arrebataron. Lo que no tengo muy claro es si para ella soy la belleza o la ladrona. Aunque lo más probable es que me haya convertido en las dos cosas, igual que Helena en la guerra de Troya, el origen del conflicto. Llega un momento en que nadie sabe si a Helena la raptó Paris o si quiso huir con él. Por eso borro todo lo que quiero decirle, porque una parte de mí no quiere que me rescate. Y por eso ella no me habla, porque no se fía de mí.

No importa ya cuántos mensajes le escriba y no le envíe, como tampoco importan todos los que sí le mandé. Hay un momento en la separación de las amigas en que es imposible hablar sobre lo que sea que sucedió, y por eso mismo, porque no hay nada que pueda decirle ni nada que ella vaya a contestarme, es imposible escribir sobre lo que nos está pasando. No existe el relato para la separación de las amigas.

Existe una escritura que nos apacigua, porque se esfuerza en tratar con lo que sabemos sin tener miedo a lo que pueda decir de nosotros mismos. Sería como tener un diario, escribir sin ser leída, confesar lo que sé de mí misma, sentir el descanso de decir la verdad. Yo, en cambio, he elegido una escritura que me desasosiega. Escribo no para acceder a una verdad que ya conozco, sino porque me empeño en conocer lo que no puedo saber. Por eso sigo enviando mensajes a Nosotras. Y por eso me choco una y otra vez con los mismos muros. Deseo lo imposible: que la escritura tenga el poder de hacerme saber lo que no sé, de poner palabras (o silencios) a lo invisible, que me permita entender qué es una amistad cuando termina. Ansío que exista un relato para nosotras, una palabra a la que agarrarme y con la que sanarme. Y como no puedo escribir, empiezo a leer sobre lo que no sé nombrar, aunque no llego mucho más lejos. Son muchas las voces, pero una sola melodía. Todo el mundo habla de la amistad como un bien que nos hace mejores. A lo largo de la historia de la filosofía se ha hablado más de amistad entre amigos que del significado de ser amigas. Algún iluminado como Montaigne ha llegado a afirmar que la amistad es imposible entre mujeres. «No hay constancia de que el sexo femenino haya dado muestras de semejante afecto, y los antiguos filósofos declarar a la mujer incapaz de profesarla». Y, por supuesto, se habla de la amistad que se tiene y no de la que se pierde. Se escribe con una mente clara que intenta explicar las cosas con el mismo empeño con que he aprendido a hacerlo yo, pero esta vez mi cuerpo perezoso se niega a correr detrás de mi cabeza o de cualquier pensamiento ajeno, por refulgente y precioso que sea. Mi memoria está postrada y, simplemente, la echo de menos.

Aspiración ideal, tarea vitalicia, benevolencia recíproca (Aristóteles); obrar desde lo más hondo del corazón y sin ninguna reserva (Montaigne); límites éticos por encima del interés personal, aprender a vivir con dulzura (Victoria Camps y Salvador Ginés); ha de ser como el dinero: antes de necesitarla, se debería saber el valor que tiene (Sócrates); si existe algo más importante que el dinero, que no lo sé, esas son las aspiraciones, nos aproximan o distancian más que un salario (Anna Pacheco); un respeto afirmativamente tolerante de las diferencias e intolerante de las condiciones de injusta desigualdad, nada se exige, nada se pide siquiera, podemos ser nosotras mismas y sentirnos aceptadas tal y como somos, la intimidad, la vulnerabilidad total, complicidades políticas difíciles de construir, la amistad ocurre cuando la otra desea nuestro bienestar a pesar de los conflictos de intereses que podamos tener (Sara Torres); no puede ser instrumental, te impide resbalar al abismo (Bruce Springsteen); requiere repensar la subjetividad… En resumen: «No hay nada como un amigo realmente leal, fiable y bueno. Nada». Esto último es Jennifer Aniston. Da igual si lo nombra una filósofa o una actriz, la amistad perdida siempre parece una mala canción pop.

Unas voces se empastan con otras hasta que, definitivamente, no oigo nada, no entiendo nada. Y cuanto menos entiendo, más leo, algo que me pasa mucho y que juraría que le pasa a mucha más gente. En ocasiones, cuando estoy con gente muy leída hablando de temas sobre los que poseo alguna experiencia, siento que leyeron para saber qué o cómo deben vivir (para anticiparse a la vida, en realidad) y no para descifrar o soportar lo vivido. Esa gente tan leída que se empeña en mantener un alto grado de profilaxis con la vida me da mucho miedo, como los zombis de *The last of us*. Creo que, si me tocan, podrían llegar a convertirme. Con todo, me arriesgo. Busco ensayos sobre los aspectos políticos de la amistad, sobre la amistad entre especies, sobre el significado mismo del sentimiento, sobre lo difícil que es tener amigos en una sociedad capitalista, vuelvo sobre la antigua diferencia entre amistad e interés que aprendí en Platón… Pero no consigo escribir ese mensaje que nos explique a nosotras dos. Leo a intelectuales que respeto pero también a psicólogas que no conozco de nada y dan consejos sobre la amistad en Instagram. Estas hablan de aceptar el duelo, de mantener a raya la culpa, de poner límites. A la psicología moderna, muy especialmente a la psicología positiva, le encantan los muros y las concertinas, los límites han de estar claros, dicen, pero yo siempre he entendido la frontera como un lugar ambivalente y compartido. Prefiero las *Borderlands* de Gloria Anzaldúa, la verdad. Y creí que ella también, que siempre la encontraría en una frontera compartida. Pero qué va, no hay nadie por aquí y las voces que hablan de la amistad lo hacen a resguardo, desde un fuerte o un búnker antes que desde esta intemperie. Todo el mundo parece haber elegido ya sus límites menos yo. Ningún paño sutura mi herida, los textos hablan con una voz racional de algo que estoy sintiendo mucho más abajo, lejos de la cabeza, donde dijo Levy, mucho más hondo, justo ahí donde empieza lo que el pensamiento racional no alcanza. Me gustaría explicar a todas las personas que van a ponerse a leer o escribir un ensayo sobre la amistad que ser amigas requiere tener fe en esta palabra. Que ser amigas es una experiencia mística, un salto al vacío cuando no sabes si habrá alguien esperando abajo. Y que por eso mismo la definición de la amistad, de nuestra amistad, y de todo lo que nos pasó y nos arrasó después no concluye lógicamente. Nadie escribirá jamás un libro sobre nosotras.

Nuestra historia se ha convertido en una página en blanco, en un libro imposible, uno donde todo lo que quisiera decir ha sido borrado, donde mis mejores argumentos no dejan rastro para ella ni para nadie.

Lo imposible, entre nosotras, ya ha sucedido.

No queda memoria ni rastro de todas las cosas que no fuimos capaces de decirnos.

No existe ya la palabra a la que agarrarnos para volver atrás o para dar un paso adelante.

Nuestras páginas se han quedado en blanco.

Algo peor

«Todo fracaso concluye en un combate por la razón», escribió el autor español Juan Benet en *Herrumbrosas lanzas*, una novela sobre la Guerra Civil española que leí en tres tomos que cayeron en mis manos como ladrillos, con el peso con el que doblan los brazos las lecturas obligatorias. Yo tendría diecinueve o veinte años, y un profesor nos lo mandó para la asignatura optativa Crítica y Lectura Literaria en último curso de Ciencias Políticas, y aquella asignatura lateral me marcó más que todas las troncales, como suele pasar. En cierto modo, leer a Juan Benet me cambió la vida. No es que sea mi escritor favorito, porque muchas veces su escritura me parece innecesariamente difícil. Aunque al principio yo pensara que precisamente en el tipo de dificultad que elegía residía parte de su atractivo. Con mi amiga, en ese sentido, me pasaba lo mismo. Pero eso ahora no viene al caso. Lo que a mí me marcó de Juan Benet fue sentir que su palabra llegaba desde otro lado, desde una región (no me resisto a usar esta palabra, que es como nombró el territorio ficticio donde transcurre *Herrumbrosas lanzas* y que vendría a ser una suerte de yoknapatawphada faulkneriana made in Spain) donde sentí haber estado alguna vez y donde Juan, estoy segura, se sentía solo. Él confirmó que existe un espacio invisible desde donde escribimos, amamos o hablamos con nuestras amigas. Y al hacerlo, lo cambió todo. Me pusieron un diez en mi trabajo sobre *Herrumbrosas lanzas*. Y hablo con Juan desde entonces. Es mi mejor amigo muerto y le llamo así, por su nombre, Juan. Algunas veces J, porque he visto que firmaba así cuando escribía a sus amigas. Otras Benet, cuando salta su nombre en algún foro literario y finjo un respeto que en realidad nunca ha marcado nuestra relación. Él está muerto desde que nos conocimos y yo no lo estoy, y esta circunstancia nos hace gracia a los dos. A veces me río y él hace una mueca con los labios prietos, que es su forma de decirme que le caigo bien. Le hace gracia, por ejemplo, que «la más alta recreación novelesca» del siglo XX español, que es como la crítica seria y un pelín cursi nombra su novela en las fajas del libro, ilumine el desquererse de dos amigas en el año 2024. A lo mejor las dos Españas somos nosotras, le digo, la España de las amigas, Juan, solo hay que escribir de eso, ese es el gran tema, siempre lo ha sido. ¿No te das cuenta de que ese nosotras es lo único que de verdad podría cambiar las cosas? ¿Es que no ves que el futuro depende de cómo se decline la palabra «nosotras»? ¿De que la palabra «amiga» es lo único que importa? Él me mira con un gesto de piedad, como si de verdad creyera que su soledad y la mía son tan distintas.

Hay tres palabras muy fuertes en la frase que has elegido: «fracaso», «combate» y «razón», dice Juan. ¿Cuál es la que más te duele? «Fracaso» es la peor de todas, respondo sin dudarlo. «FRACASO» debiste escribirla con mayúsculas, porque no puedo asumirla para nosotras por más veces que la repita. No quiero tener razón, querido Juan, quiero no tener fracaso. Y él: Vamos a ver, Labari. Me llama por mi apellido cuando se pone en modo profesor de universidad, como si sacara mi nombre de una lista. Y lo hace cuando está convencido de que puede enseñarme algo, que es a menudo. ¿Qué te digo siempre? ¿Acaso no has aprendido nada? ¿Vas a chocarte otra vez con el mismo muro? Cada vez que insistes te haces más daño, porque la realidad es obcecada y tiene la mala costumbre de existir. Lo que Juan Benet me ha repetido tantas veces lo recuerdo bien, me lo repito todas las mañanas. Se refiere a esa frase suya que es ley y que podría tatuarme, habla de la Constitución española que escribió en 1978, un año antes de que yo naciera. Una Constitución con un solo artículo: «A todo ciudadano español se le reconoce el derecho a fracasar».

Nuestro fracaso, el mío y el de ella, es pues un derecho constitucional. No tengas tanto miedo a esa palabra, acéptala, entiéndela. Tu amiga tiene derecho a no quererte y a que la dejes en paz. Y tú a fracasar tranquila. Acepta vuestro fracaso, me aconseja Juan.

Pero no lo consigo. Antes de eso se encienden en mi cabeza la palabra «combate», la palabra «guerra», la palabra «conflicto». ¿Por qué peleamos? ¿Llegamos a pelear alguna vez? ¿Puede estallar la guerra antes de nombrar un conflicto? ¿Acaso no estalla precisamente por eso? Y la peor de todas, la palabra «razón», ese cuchillo. «Todo fracaso concluye en un combate por la razón», insiste la memoria de Juan Benet. Otra vez necesito entender, estar en su cabeza, descifrar por qué me dejó, saber lo que no puedo saber. Otra vez directa al muro donde tantas veces he visto romperse la palabra «razón» al chocar de bruces con la palabra «pelea». No pienso ir por ahí, querido Juan.

Trato de imaginar cómo sería Juan Benet como amigo vivo e incluso husmeo entre sus cosas. Una mañana de junio, la escritora María Folguera me lleva de visita a la casa museo de Carmen Martín Gaite en El Boalo, en la sierra de Madrid. Carmen, además de ser una de las figuras más importantes de las letras hispánicas del siglo xx, fue buena amiga de Juan.

Así que busco rastros del amigo en la intimidad del hogar y, por supuesto, encuentro su rastro en distintos detalles salpicados por la casa. En la pared de la cocina hay un dibujo hecho por el escritor con un bolígrafo de dibujo técnico y un hilo de tinta finísima. Es muy delicado Juan cuando dibuja para su amiga, como si pintara un haiku con el detalle y la precisión de un ingeniero. Es una panorámica de un lugar que juraría que es Salamanca, creo que distingo la cúpula de su catedral y el río Tormes, aunque tal vez lo identifico así porque Carmen nació allí. Pero más que la estampa me interesa la dedicatoria.

Para Carmen, de Juan, a los 20 años de haber sido Jesucristo (el viejo). J.
14-II-73

Me gusta no poder descifrar ese mensaje y reconozco en él la intimidad de las amigas. A lo mejor nuestro problema fue justo ese, que no llegamos a tener un lenguaje propio, ese que deja fuera al resto del mundo y que enciende el erotismo de cualquier relación de amor o amistad. Durante años he pensado que Carmen y Juan fueron amantes, pero ahora, en la intimidad de su cocina, pienso en el erotismo que se ha desplegado para mí en la relación con mis amigas y me digo que a lo mejor ese fue su eros y no otro. En lo que a nosotras respecta, no sé si tengo algún mensaje de ella tan íntimo como el que estoy leyendo, ese idiolecto compartido por las amigas o los amantes y que nosotras, que ya no somos, debimos hablar en algún momento. La intimidad erótica no es un secreto ni una confesión, sino más bien un cuarto de atrás, que diría Carmen. Y en ese cuarto debió de haber mucho sexo entre los dos amigos, al menos en el sentido en que Carmen se lo explicó a Juan en la correspondencia que mantuvieron entre 1964 y 1986 y que recoge Galaxia Gutenberg en una edición de José Teruel. En algún momento ella le dice que «el acto sexual más importante que puede ejecutar un hombre con una mujer (y el más difícil y el más atrevido, el más insólito y el único que es capaz de abrir el uno al otro) es hablar con franqueza con ella». Cuando lo leo comprendo que quizás el problema que nosotras tuvimos fue que nunca llegamos a follar. Es importante para mí saber si tuvimos la clase de sexo de la que habla Gaite, ese encuentro carnal que no se hace con la piel sino con las palabras cuando se frotan.

La amistad no es un combate por la razón, amigo Juan, sino por el amor. Esto se lo digo a Juan, pero también a mí misma. Y el amor exige el valor de los héroes. A mí se me llena la boca hablando de amistad, me atrevo incluso a escribir la palabra «amiga» en el título de un libro y, sin embargo, puede que a nosotras nos faltara valor. O peor, puede que nos faltara amor. Aunque no estoy tan segura de que pueda existir lo uno sin lo otro.

A ellos creo que no. En junio del año 1970, con motivo del cumpleaños de Juan Benet, Carmen escribió una carta de felicitación a su amigo para reprocharle su ego, su vanidad y, en definitiva, estar a punto de convertirse en un auténtico imbécil.

Querido Juan:

Te iba a haber llamado por teléfono para felicitarte. Creo que todos los años, desde que somos amigos, lo he hecho, menos una vez que te puse un telegrama desde Simancas.

Pero ahora, desde que estás tan descaradamente entregado a la exhibición y publicidad de tu propia persona física de escritor de moda –apreciado no tanto por la calidad de tus páginas cuanto por un entrechocar de anécdotas, ditirambos y vaciedades–, he pensado que mi llamada la meterías en el mismo saco que la de Molina Foix, Ana María Moix o cualquier oix similar, tan proclive como tu nueva situación te ha hecho a confundir la velocidad con el tocino. Así que he preferido escribirte porque así, dado que la letra me la conoces mejor que la voz, de paso que no corro el riesgo de que me tomes por uno de tus novísimos corifeos, puedo puntualizar que en mis deseos de felicidad va este año implícito otro: el de tu urgente reforma. Pues si tardas mucho tiempo en tomar conciencia del resbaladero por el cual vertiginosamente te deslizas, pronto caerás sin remedio en el tremedal ingente y pavoroso que la insidiosa vanidad (ofuscando tu antigua capacidad de discernimiento bajo el carisma engañoso y fascinante de tu apariencia social) tiene abierto a tus pies para sepultarte. Un abrazo a Nuria. Vuestra,

C.

Lo del abrazo a Nuria está escrito tal cual, y yo estoy segura de que aparece en la epístola por lo mucho que lo necesito. Lo leo y pienso en lo poco que le cuesta a Carmen Martín Gaite mandarme un abrazo, incluso después de muerta y a pesar de no haberme conocido nunca, y en lo cruel que es mi amiga al no hacerlo desde la comodidad de su sofá y con WhatsApp a menos de un mero roce de distancia. Aunque Gaite se refiere aquí a Nuria Jordana, la primera mujer de Juan Benet y no a mí, resulta que Carmen me ayuda a entender lo que nos pasó con su carta. Y eso es, en mis circunstancias, un cálido abrazo. Yo nunca habría podido escribirle una carta así a ella, porque jamás le hablaría en ese tono. No me gustaba hacerla enfadar. En general, diría que me esfuerzo en no hacer enfadar a mis amigas, en no hacerles daño, y que en ocasiones consigo justamente lo contrario. Siempre me costó decirle la verdad, y a lo mejor me dejó por eso. Por decirle demasiadas cosas buenas, o por no decirle todo lo demás, por algo tan fundamental como confundir la velocidad con el tocino, que diría Carmen. Pienso ahora que la forma más rápida de corromper una amistad es justo esa, faltar a la verdad. ¿A cuántas personas digo siempre la verdad? ¿Soy capaz siquiera de decírmela a mí misma? Si una mujer tiene miedo de los rincones más oscuros de su corazón, ¿puede tener alguna amiga en el mundo?

Después de la columna que publiqué en el periódico, ella me pidió vernos. No fui capaz. Sentí que la suya era una propuesta reactiva y no íntima. Que quería quedar con la autora del texto y no con su amiga Nuria. Si ella no podía distinguir entre la escritora que juega a la ficción y publica una columna de opinión y su amiga íntima, quería decir que a su lado siempre estaría sola.

Hay algo en la escritora que soy que busca la verdad con el mismo ahínco con que la elude, igual que hice en el texto del periódico. Podría parecer que hablaba de ella, podría parecérselo a cualquiera en realidad. Menos a ella. Porque lo cierto es que, en eso que llamamos «verdad literaria», la confesión y la desnudez elude a menudo la cuestión más importante. Y lo que es peor, la mayoría de las veces la escritora o el escritor en cuestión ignora qué verdad es la que está ocultando con todo el esfuerzo y la desnudez de su relato. Yo sabía que no escribía de «nosotras», sino de un sentimiento que nos sobrevolaba pero que no alcanzaba a nombrarnos. Por eso, cuando ella me pidió quedar con urgencia después de aquel texto, supe que sus ganas de hablar con la escritora eran la forma perfecta para eludir una conversación conmigo. Así que, a pesar de haberle pedido vernos sin éxito en un par de ocasiones antes, y de todo lo que había deseado que ella me pidiera volver a vernos, aunque fuera una última vez, rechacé la invitación.

Necesité que cayera tiempo sobre el tiempo, no tiempo sobre la herida, que es otra cosa. Sino tiempo sobre el tiempo, la clase de tiempo que no tapa una herida, sino que abre una distancia. Meses después, me sentí preparada para un encuentro, y se lo hice saber. «Me gustaría quedar contigo y vernos, charlar quizá, darnos un abrazo. Me gustará si te apetece y entenderé si no es así». Y ella dijo que sí. Eso fue en noviembre del año 2023.

Meses antes yo había hecho una nueva amiga. Es difícil saber qué es una amiga cuando se pierde, pero es imposible no reconocerla cuando aparece. Andrea Marcolongo y yo nos dijimos la verdad nada más vernos, y las dos nos dimos cuenta de que no nos costaba ningún esfuerzo. A veces una amiga aparece así, en un chispazo de lucidez. Conocernos, para nosotras, fue el relámpago, que hubiera dicho el poeta Pedro Salinas. La segunda vez que quedamos fue en Atenas. Entonces yo vivía en Madrid y Andrea en París. Y volamos hasta allí para leer griego antiguo en el Partenón e invocar a nuestros dioses para que nos ayudaran en dos asuntos cruciales; ella tenía el suyo (y las diosas no nos defraudaron) y yo el mío: entender qué me había pasado y qué intentaba ocultar con mi relato de los hechos. Elegimos Atenas porque Andrea había impartido un seminario sobre griego antiguo en Circo de Circe, un proyecto que empezó siendo mío y que ahora es de muchas más y que mantiene intactas su falta de propósito, resultados y calendario. Una isla (o circo itinerante de creación) que tiene que ver con la necesidad de construir refugios donde el conocimiento no lleve máscaras y la creación no renuncie al juego. Ni a las amigas. No es una isla fácil de encontrar, pues es efímera y cambiante, pero somos muchas las personas que la estamos buscando y, algunas veces, nos encontramos. La cuestión es que un seminario que ideamos para Circo de Circe terminó en un viaje a Grecia con personas de distintas partes del mundo que se animaron a conocer y conocerse y, una noche, Andrea y yo brindamos en nuestra terraza secreta sobre la Acrópolis (ella y Lord Byron me descubrieron la mejor azotea privada en el hotel más barato). A veces, con algunas personas, siento como si llevaran encima una sábana finísima que se niegan a quitarse para estar conmigo. En cambio, con ella me sucede justo lo contrario, el alivio de sentir que no hay palabras ni telas ocultando a la amiga, que no tenemos vergüenza ni necesidad de ocultar nada la una a la otra. «Todo lo que pensamos, ya lo pensaron antes nuestros amigos griegos», me dijo Andrea en algún momento. Y comprendí que estaba pasando por alto algo importante y antiguo. ¿Y si la respuesta no estuviera delante de mí, sino detrás?

Yo me casé en Agrigento, en el templo de Atenea, con el escritor Alejandro Gándara. Él ha dedicado buena parte de su vida a explorar cómo sentían los antiguos, y a su lado empecé a estudiar el pensamiento de la antigua Grecia. Leímos a Pericles en Keramicós, despedimos a Sócrates en la prisión donde estuvo encerrado en el Ágora, descifré mi oráculo en Cumas y escuché una tarde a las sirenas en Dion, a los pies del Olimpo. Así que cuando regresé de mi periplo con Andrea, alentada por la idea de que los griegos encontraron la respuesta a lo nuestro, se me ocurrió pedir a Alejandro un texto clásico sobre la amistad. Me pareció que mi marido llevaba toda su vida estudiando filosofía para responder bien a esta sencilla pregunta: cuál es el mejor texto para entender la amistad según los antiguos griegos. Eligió de entre todos el *Lisis*, de Platón, y yo me alegré de estar a punto de resolver el enigma, de que alguien hubiera pensado en lo nuestro antes que nosotras. El *Lisis* es un texto breve que no había leído antes y que recibí como el manual de instrucciones definitivo, casi como si fuera un libro de autoayuda. Claro, breve y sencillo, pensé. Perfecto.

Habréis notado que el asunto de la amistad no es claro ni sencillo para mí, y reconozco que me consuela que tampoco lo fuera para Platón. La última frase que pronuncia Sócrates en este diálogo y que cierra el texto dice así: «No hemos podido descubrir lo que es la amiga».[1] Y a mí me dan ganas de retroceder dos mil años para abrazarlo. Claro que no, claro que no se puede descu-

---

1. Los textos de Platón se han traducido usando el masculino, «amigo», para referirse a lo universal, a todas las personas. En mi traducción personal, usaré el femenino de la palabra, «amiga», con esta misma vocación. El masculino, siendo que la historia que estudio aquí viaja de la intimidad de dos mujeres a la abstracción y a conceptos universales, me resulta menos eficiente para este texto. Creo que Platón estaría de acuerdo con este punto.

brir. No es un tema fácil ni menor. Es complejo y decisivo para lo que está a punto de pasar. Por eso es urgente seguir pensando sobre ello.

Aunque por mucho que le guste a Sócrates hacernos conscientes de lo que no sabemos, también llega a algunas conclusiones en este diálogo que sí ilumina mis zonas ciegas. Lo primero es que lo propio de las amigas es compartir. Pueden ser ideas o aspiraciones, pero no estamos hablando de confidencias o ideologías, sino de algo que es bueno y más grande que ellas. Eso me obliga a preguntarme, por primera vez, qué fue eso tan importante que compartimos nosotras dos. No qué momentos ni qué recuerdos ni todas esas fotos con rostros sonrientes que guardamos, sino cuál fue el tesoro que reconocimos la una en la otra y que cuidamos durante tantos años. Y no estoy segura. Lo que sí sé es que debería buscar en ella algo de lo que yo carezca, porque es de primero de Platón (o de párvulos de Anne Carson) entender que el amor conlleva siempre una falta, que nos enamoramos de lo que no tenemos. Amamos, sí, lo que nos falta. Y en ocasiones dejamos de desear lo que ya forma parte estable de nuestra vida, salvo las contadas ocasiones en que nos esforzamos por conservar en el futuro el amor tal y como hoy lo disfrutamos. A lo mejor es más fácil así, tratar de averiguar qué era eso que ella tenía y de lo que yo carecía. Aquello que deseaba llegar a compartir, o tener en mí gracias a ella. Ella tenía más años que yo, más experiencia, olía mejor, tenía más tiempo, más dinero, más pasado y también más poder. ¿Fue alguna de estas cosas la que despertó mi atención o mi interés? Alarma platónica, *red flag* contemporánea. El interés no genera amistad, sino sociedades anónimas o limitadas. No resulta sencillo averiguar qué nos hizo amigas en sentido platónico. Está todo lleno de obstáculos y me obliga a repasar si mis relaciones se basan o no en el interés, teniendo en cuenta que, en una sociedad poscapitalista, el interés es el hilo dorado con el que se tejen las relaciones, desde Instagram hasta las oportunidades profesionales o las invitaciones a la última fiesta.

En todo caso, todo esto que ella tenía y de lo que yo carecía abre la brecha del tema de la igualdad entre amigas. En el *Lisis* se llega a la conclusión de que no puede haber grandes desequilibrios entre las amigas, desequilibrios económicos quiero decir, que no podría ser que una viva en la abundancia y otra en la indigencia, porque de ser así la que más tiene siempre ayudaría a la que tiene menos. A lo mejor ese ha sido el problema, que al tener ella mucho más y ayudarme siempre que lo he necesitado, o sentirse obligada a hacerlo, se ha cansado. O ha podido pensar que lo que yo quería era su ayuda y no a ella. Repaso las veces que me ayudó económicamente y creo que fueron importantes pero no numerosas y que no supuso un peso para ninguna de las dos. Sin embargo, me doy cuenta de que para las amigas es muy difícil tratar con el desequilibrio. En otras ocasiones, cuando he sido yo la que tenía más y he dado dinero o ayuda a otra que tenía menos, también se ha alejado. Recibir suele ser para la que no tiene más complicado que ofrecer para la que puede hacerlo. En todo caso, ¿pudo ser el problema que fuéramos tan diferentes la una de la otra? Porque si las amigas tienen que ser iguales, lo cierto es que nosotras éramos distintas en casi todo. Teníamos edades distantes, procedíamos de clases sociales opuestas, no estudiamos lo mismo ni lo hicimos en colegios semejantes o en ciudades parecidas, ni siquiera teníamos los mismos gustos a la hora de vestir, nuestras aspiraciones eran distintas y no creo que nada de la una fuera un espejo para la otra. Pienso en nuestras diferencias y me digo que a lo mejor fue eso por lo que ella se separó. No de mí, sino tal vez de los fatigosos desequilibrios que existían entre nosotras. Una amiga diferente da mucho más trabajo que la que es igual a ti. La imagino con las amigas que sí conserva y reconozco que tienen gustos parecidos y que son de una clase social semejante, que comparten experiencias paralelas y hasta visten ropa parecida. No digo que vistan igual, pero sí que saben (como mínimo) dónde se compra la ropa la otra y cuánto cuesta. Después, por la calle y en las redes sociales, observo a las pandillas de amigas y compruebo que la norma se cumple también ahí fuera: las amigas visten por lo general muy parecido, comparten clase social casi siempre, les gustan los mismos bares, bailan en los mismos festivales y a veces hasta crean grupos de WhatsApp donde la amistad es una promesa que nace a partir de semejanzas arbitrarias: MadresDelCole, YogaLosMartes, MujeresSolterasSinHijos40, ClaseDel98, SinglesValencia, BailamosSwing… Y así es como se van conformando los grupos de amigas del pueblo, del instituto, de la uni, del trabajo. ¿Es de la semejanza de donde nace la amistad? Esta opción me parece clasista, edadista, racista, segregacionista en todo caso y, para colmo, aburridísima.

Por fortuna, el *Lisis* asegura que no, que en eso al menos no estoy equivocada. Las amigas tendrán una relación de igualdad, pero no tienen que ser iguales ni parecerse en nada. Gracias, Sócrates, por el sentido común. Solo hay una cosa en la que sí serán espejos la una para la otra, y es esa carencia original que nada tiene que ver con ningún interés material o social. Lo que una amiga ama en la otra es el bien, una percibe lo que es bueno y se acerca a ello para estar mejor, es un movimiento del alma básico y sencillo. Y eso fue lo que yo percibí, de eso sí estoy segura, yo vi que mi amiga quería ser mejor y vivir en un mundo que fuera mejor, me fijé en eso y me pareció buena idea ir juntas en esa dirección. Claro que, según esto, si ella me abandonó solo puede ser por un motivo. Ella cree que yo soy mala, que soy el monstruo, mi amiga me ha visto el alma y ha salido corriendo. Y aquí, antes de restregarme por el fango de mis pensamientos, tengo que recurrir otra vez al *Lisis* para apreciar los matices que mi pensamiento lineal aniquila. Porque lo que Platón dice es que la gente que va en busca del bien no es buena ni mala, y que debería dejar de pensar el mundo (y mis relaciones) en términos tan falsos y tan simples. Tenía razón Andrea en que los griegos lo pensaron antes (y nos legaron solo sus mejores pensamientos), pues de hecho Platón explica lo que, por otro lado, puedo reconocer como una verdad innegable, y es que quien busca el bien no lo tiene pero lo persigue, así que no es una buena persona (puesto que no tiene el bien) pero tampoco podríamos llamarle mala. O sea que, aunque yo no sea buena, no tengo por qué ser mala, ni ella tiene derecho a acusarme de ello. Puedo no ser buena pero ir en busca del bien, como la mayoría.

Así que, por decirlo con todos los matices necesarios, lo que pasó es que pudimos ser distintas y reconocernos en nuestra búsqueda del bien, solo que, en algún momento, ella tuvo que percibir en mí una falta. Y por eso se separó de mí. Y yo, si aún le guardo algún afecto, no debería pedirle ninguna explicación. Porque lo mejor que una puede (y debe) hacer cuando está cerca de quien no quiere el bien es separarse: de quien no quiere lo mejor en la amistad, en la escritura, en el trabajo, en la familia, deberíamos separarnos. Este descubrimiento me lleva a hacer un croquis en mi cuaderno donde intento identificar de quién y de qué me he separado por este motivo a lo largo de mi vida. Me pregunto cómo he reaccionado en la amistad, la familia o el trabajo cuando ha llegado el momento de separarme de quienes no querían el bien y cuánto tiempo me ha llevado en cada caso identificarlo y actuar en consecuencia. Las cuentas no salen a mi favor. Descubro que siempre me quedo cerca, que me cuesta muchísimo separarme y que a menudo justifico a quienes no persiguen lo que está bien con palabras tan grandes como «amistad», «amor», «familia» o «trabajo». Imagino cómo hubiera sido mi vida si no le debiera devoción a ninguna de esas palabras y maldigo haberlas llevado encima todas ellas y todas a la vez. Añado una palabra más: «maternidad». Y, ya puesta, sumo también la palabra «literatura». E incluso las palabras «industria editorial». ¿De verdad estoy rodeada de quienes buscan el bien? Hago una lista con escritoras y escritores que admiro y que con sus textos buscan la verdad literaria por encima de cualquier otro logro (incluidos el éxito, el reconocimiento o el dinero). La lista es corta. Hago otra con las editoriales que conozco y que a la hora de publicar consideran única y exclusivamente la calidad literaria de las obras que leen. Me refiero a todas esas que deciden los títulos con independencia de fenómenos literarios, tendencias (ya sean sociales o ideológicas), número de seguidores de los autores en redes sociales, estimación de ventas... Esta lista se queda vacía, pues no reconozco ningún proyecto tan purista. La industria editorial es ese curioso y tenso equilibrio entre «mercado» y «literatura», no se puede dejar fuera la parte de negocio y quedarnos solo con «el Arte», si es que alguien es capaz de distinguir claramente lo uno de lo otro en todos los casos. Recuerdo de nuevo que alguien bueno es quien busca el bien, no quien lo posee, y que no puede juzgarse en términos tan rígidos a las amigas ni casi nada de lo que nos rodea, salvo que una esté dispuesta a vivir complemente sola. También recuerdo que trabajé más de diez años en una empresa llamada Mediaset y cada día fui consciente de que aquel proyecto no buscaba el bien o la belleza en ninguna de sus manifestaciones, solo la audiencia, que no es lo que se dice el bien pero que sí trae bienes. Y no hablo solo de dinero; por supuesto, también está ese fuego de la pantalla encendida que recuerda, en el rincón del salón o el hospital, que hay otros viendo lo mismo que tú al mismo tiempo cuando estás solo. Con todo, llegó un momento en que me propuse trabajar para impulsar otro tipo de contenidos y proyectos, pero, en vez de dejar el trabajo, cada mañana me metía en un atasco de cincuenta minutos para llegar hasta allí. Claro que las cuentas no son tan sencillas. Porque aquellos años trabajé rodeada de profesionales que sí daban lo mejor de sí y que entendían que el bien allí acordado consistía en pagar las nóminas y generar riqueza para sus propietarios y para los trabajadores, que, como yo, cobrábamos todos los meses. ¿Es posible que muchos buenos trabajadores construyan un contenido mediocre? Lo es si manejamos una idea del bien insuficiente y a la larga cruel que comparte, por cierto, toda la economía nacional e internacional. Yo también quería pagar las facturas, la hipoteca, el tratamiento de fertilidad que me permitiera tener a mis hijas, después la guardería, algunas vacaciones. Como escritora necesitaba un trabajo estable y alimenticio para criar con cierta estabilidad, porque escribir sabiendo que mi pasión no les quitaría el pan de la boca es una forma de buscar el bien. Lo que intento decir es que lo de buscar el bien nunca es un camino recto, en la vida en general, ni con las amigas en particular.

Pero el *Lisis* abre una última posibilidad para

explicar lo que nos pasó. Podría ser que ella no me haya dejado porque yo haya renunciado a buscar el bien, sino porque sea ella quien haya dejado de hacerlo, porque sea ella quien esté mal. El *Lisis* sí contempla la existencia de personas malvadas y las identifica como aquellas que no pueden tener amigas. Y no pueden porque son variables, mientras que el bien es estable. Así que podrían ser amigas durante un tiempo, durante todo el espacio temporal que tengan algún interés o proyecto en común (nosotras los tuvimos), pero no continuar en el camino si el proyecto termina o el interés decae. ¿Y si me dejó por eso? Pienso en la posibilidad de que no sea capaz de distinguir a las personas que buscan el bien de las malvadas cuando poso sobre ellas la palabra «amiga». ¿Por qué estoy tan segura de que ella es la mejor de las dos? ¿Y si yo fuera mejor que ella? Lo de buscar el bien es un ejercicio cansado, agotador, frustrante. ¿Qué pasa si simplemente se aburrió? Tal vez no quiera seguir en el camino que iniciamos juntas pero tampoco crea justo interrumpir el mío. Y, dicho esto, ¿cuál es mi camino? ¿Quiénes son de verdad mis amigas? De todas las cosas que Sócrates sabe que no sabe y que fundan la historia del pensamiento, esta me parece la más importante: «No hemos podido descubrir qué es la amiga».

Claro que hay otra forma de saber qué nos pasó. Quedar y preguntárselo, directa y mansamente. ¿Por qué no quieres hablarme nunca más? Volvemos entonces al momento en que por fin me siento preparada y envío el mensaje del que hablaba más arriba. «Me gustaría quedar contigo y vernos, charlar quizá, darnos un abrazo. Me gustará si te apetece y entenderé si no es así». Ese mensaje al que ella respondió que sí.

Me preparo para la ocasión con dos ideas claras. Darle las gracias por todo lo bueno que nos pasó, por lo importante que fue para mí, por lo feliz que me hizo y todas las veces que me ayudó. Y preguntarle por qué me dejó. Aclarar este asunto de una vez. El encuentro prometía ser tenso y breve, calculé hora y media. Y tuvo sus momentos tensos, pero fue muy largo, de dos de la tarde a nueve de la noche. Más allá de lo que cada una contara, nuestros cuerpos quisieron bailar, recordar, irse por las ramas.

El restaurante lo propuso ella, el Don Lay, en la calle Castelló. Las dos pedimos un Bloody Mary que el restaurante cantonés había rebautizado con el nombre de «Conejo», en honor al horóscopo chino. «Un clásico a nuestro estilo», decía la carta. Cîroc, Bloody Mix, zumo de limón y zumo de tomate. Mientras bebíamos, ella eligió algunas cosas del menú que sabía que iban a gustarme. Las dos estábamos nerviosas, juraría que las dos teníamos miedo. Después de todo, estábamos sentadas frente a una extraña que lo sabía todo de nosotras. Cuando la tuve delante, comprendí que las dos teníamos razones suficientes para querer estar allí y también para salir corriendo y que yo no era la única persona vulnerable de nuestra mesa. Eligió *dim sum* de bogavante azul, algo con langostinos crujientes y unas bolitas envueltas en pan de oro. Nunca antes había visto comida dorada hasta ese día. Después el pato laqueado entero en dos servicios, con sus rollitos y su caldo. El pato no llegué a probarlo, a pesar de que es uno de mis platos favoritos y de que era una de las especialidades del lugar. Eso a ella le decepcionó un poco. Además de hablar, quería que yo comiese bien. Lo del cuidar, lo de cuidarme, incluso en la despedida, no se le había pasado. Incluso si fuera a envenenarme, querría hacerlo con la comida más deliciosa del reino.

Cuando le pregunté por qué lo había hecho, por qué había terminado como lo hizo y en el momento en que lo hizo, me dijo que no lo sabía. No es que no quisiera contestarme, se esforzó. Me explicó cosas sobre ella y su forma de estar en el mundo desde la ruptura (más tranquila, sin ansiedad por primera vez) que nada tenían que ver conmigo ni con nosotras y, en algún momento, me aclaró que no quería que me sintiese mal. No se alejó para hacerme daño o no quería que al hacerlo me doliera, no hacer daño parecía un punto importante para ella. A pesar del abandono, quería ser una buena persona. A lo mejor quería decirme que, aunque no era buena para mí, seguía yendo en busca del bien. El problema es que toda esa historia temblaba un poco, como su voz, frente a mi gesto asustado y nuestro pasado. Le recordé la situación en la que me había dejado, eso era para mí lo imposible, lo impensable. Una cosa es retirarse y otra hacerlo cuando la otra persona más te necesita. Eso no se le hace ni a los enemigos. Creo que fue entonces, en ese momento, con el reproche rozándome los labios, cuando lo dijo. No permitió que le echara nada en cara, y se lo agradezco, porque no quería hacerlo. Quiero pensar que lo dijo con la mejor intención, pero lo dijo. «En realidad, tampoco hemos sido tan amigas», dijo. ¿No hemos sido tan amigas? ¿Tan amigas? Dos años después de su abandono mi amiga estaba delante de mí explicándome que me lo había inventado todo, empezando por nuestra amistad. A ella su silencio no le parecía, en el fondo, para tanto. Me refiero a que le parecía excesivo mi dolor, todas mis preguntas, mi insistencia y mis textos en la prensa hablando de nosotras, mi necesidad de explicarlo todo. Por supuesto, era consciente de nuestro pasado juntas, de haber compartido el tiempo y todo eso, pero ser amigas, para ella, era otra cosa.

De todas las explicaciones posibles, de todas las que había imaginado, la de que no hubiéramos sido amigas jamás la valoré. «No tan amigas, quiero decir», dijo. Y lo que quería decir era «No para ponerte así». ¿Que qué hice yo? Pues defender nuestra amistad hasta el último aliento, como si fuera un juicio y mi misión de fiscal fuera mostrar su culpa, que ya no era la de haberme abandonado, sino la de haber pensado, en algún momento, que nunca fuimos amigas. Le recordé que el día en que nacieron mis hijas ella fue la primera que las cogió en sus brazos, que el día que me casé ella estaba en la habitación del hotel y que su mano rozó mi espalda justo antes de que cayera la cascada de seda de aquel vestido, que aquel día llevé los pendientes de su abuela en mis orejas, también la vez que me agarró la cabeza vomitando en la calle del Codo, cuando le regalé una caja entelada con mis manos y llena de objetos mágicos para proteger su camino, todas las veces que escuché su gozo y su dolor al otro lado del teléfono y del sofá y de la chimenea y, sobre todo, el hecho incontestable de haber sido testigos la una de la vida de la otra. ¿Acaso no bastaba con eso para ser amigas? Pero su cara se tensaba con violencia ante mis ejemplos amorosos. No la estaba convenciendo sino incomodando. En el amor ha de ser Eros quien dispare y no el objeto amoroso quien se convierta en una hiriente flecha, y en la amistad Eros se comporta exactamente igual. No hay deseo sexual, pero por lo demás no cambia nada. Cualquier ejemplo de amor o mutuo cuidado parecía ahora convertirse en un reproche puesto en mi boca. ¿Estaba haciendo que se sintiese culpable? Hay algo culposo en la idea de abandonar a una amiga, un mandato social que no tenía nada que ver con nosotras y que yo le estaba echando encima. Pero yo no iba buscando su culpa, y mucho menos ninguna convención o mandato que no hubiéramos inventado nosotras dos. Estaba fuera de juego: lo último que esperaba de aquella comida era tener que explicar que alguna vez fuimos amigas. Y, al mismo tiempo, ella estaba allí y me decía cosas como: «Prueba el pato» o «Estás guapa». Palabras bonitas que clavaban sus uñas en el presente. Come, no quiero hacerte daño, estás guapa, te va a gustar el pato. Pero, a la vez, el tiempo empezaba a desplegarse sobre nosotras como en el final de una película triste, cuando sabes que está a punto de terminar. Por eso, por mucho que me doliera, por mucho que ya no quedara nadie en el restaurante y casi nada por decir, a pesar de que habíamos empezado a recibir a los primeros clientes de la cena, antes de terminar tenía que decir lo que había ido a decir. Ya había preguntado por qué, y ahora me tocaba dar las gracias. «Para mí sí fuiste mi amiga y te doy las gracias por ello», dije. «No puedo cambiar el futuro, pero celebro cada momento del pasado que pasamos juntas, fue un tiempo que sí existió para mí y que celebro», dije. «Volvería a poner a mis hijas recién nacidas en tus manos y me alegro de haberte conocido». Aquello le gustó, pero sobre todo le sorprendió. Se había preparado para el reproche, pero no para el agradecimiento, que en mi caso requería también una dosis de perdón. Respondió con gratitud. Y al hacerlo, creo que nos permitió a las dos reconocer el pasado sin cargarlo con la expectativa de ningún futuro juntas.

De modo que cada una había recibido su sorpresa. Entonces la mía me pareció generosa y la de ella una mentira, la loca idea de negar nuestra amistad, de falsear el pasado, como si el tiempo fuera reversible. Aunque puede que, en realidad, mi sorpresa no fuera tan distinta de la suya. Pero de eso no me di cuenta aquel día. A pesar de las horas que hablamos, de que quiso llevarme a casa en su coche en un trayecto por Madrid que habíamos hecho juntas tantas veces, a pesar de tomarnos fuerte de la mano y de que llegó un momento en que ninguna de las dos quería que aquella tarde acabara, se hizo evidente que estábamos terminando. «Tienes que llevártelo –dijo refiriéndose al pato–. ¿Quieres que pida otro y así tenéis cena para los cuatro?», añadió, refiriéndose ahora a mi marido y a mis hijas. Rechacé la primera idea con educación y la segunda con incredulidad. ¿De verdad quería que comiéramos los cuatro juntos aquellos restos? La idea me pareció cruel. «Es que sé que te encanta y no lo has probado», dijo.

Yo no quería aquel pato. Le prohibí ordenar una segunda ración, pero pidió que nos envasaran los restos de la primera, que en la cocina prepararon con el esmero de los restaurantes caros, como si fueran pequeños paquetes de regalo. Antes de irnos nos dieron dos bolsitas de cartón con las que salimos a la calle y poco después, una vez que encontramos el coche en la plaza olvidada del parking y el ticket en el desorden de su bolso, subí al asiento del copiloto y posé aquellas bolsas en mi regazo para iniciar el que parecía que iba a ser nuestro último viaje juntas. Así que allí estaba, sentada con un cadáver que alguna vez fue capaz de volar trotando inerte sobre mis rodillas, con todo lo que no habíamos sido capaces de digerir listo para entrar en mi nevera o, en el peor de los casos, en mi congelador.

Pero volvamos a las sorpresas de nuestro encuentro y a por qué creo que no fue tan distinta la suya de la mía. Ella dijo que no habíamos sido amigas, y una de las pocas certezas que yo había alcanzado desde nuestra ruptura es que las amigas se dicen la verdad. Ella mintió sobre eso o tal vez no, a lo mejor se había dado cuenta de lo que yo ya sabía, y es que en realidad nunca le dije la verdad. Tanto que cuando llegó mi turno y puse la palabra «verdad» sobre la mesa, la cubrí de agradecimiento y buenos recuerdos. Pero no son amigas quienes te cubren de alabanzas, aseguraba

Platón en *Lisis*. Las amigas no son así, desconfía de quien solo tiene para ti buenos recuerdos y halagos. Desconfía siempre de alguien como yo, que, incluso en el final, insiste en componer un canto a la amistad y espera que sus gruesas palabras puedan entrar por la diminuta puerta que da paso a la intimidad de una amiga. Así que puede que las dos, cada una a su manera, nos estuviéramos diciendo lo mismo, que no éramos amigas, que no lo habíamos sido como nos habría gustado, que merecíamos más de algo y menos de otra cosa y que no existía explicación para ese desapego ni obligación de buscarla a estas alturas.

Me dejó en la puerta de mi casa y sentí que aquella idea, la de no haber sido nunca amigas, no habernos conocido del todo, era la peor de todas. Y, al mismo tiempo, comprendí por primera vez en la vida (tenía cuarenta y cuatro años) que quien persigue el amor y la amistad camina siempre en una búsqueda que no concluye, que no llega a ninguna parte.

Es curioso, pero Platón, que parece ser el filósofo del amor, lo es al mismo tiempo de la soledad. Creo que la que busca y ama no acaba rodeada cada vez de más gente sino de menos, que es posible que la búsqueda del amor te haga estar cada vez más sola. Que la que de verdad ha amado, si en algún momento acaricia eso que el filósofo entendió como la verdad o la belleza, llegue a convertirse en dueña de su soledad, sola en esa cima platónica donde ha de vivir la filósofa reina de la República. Amar más no es sinónimo de mayor compañía. Y quizá por eso mi amiga, que tanto amó a lo largo de su vida, necesite estar sola. Hay una radical soledad que hay que aceptar cuando una elige el camino del amor. Y, por extraño que parezca, comprendí que ella necesitaba dejarme precisamente para seguir su camino amoroso. No tenía, pues, ningún motivo para detenerla. Y no lo hice. Aquella noche vi su utilitario rojo alejarse por Bravo Murillo como un corazón encogido sobre el asfalto gris de la ciudad y, paralizada en la acera, sentí cómo el mío seguía latiendo dentro de mí. Era dueña de un corazón que latía y que recordaba y que, como en el poema de Safo,

Y si no siente amor, pronto tendrá que amar aunque no quiera ella.

Solo que, por primera vez en el poema, ella era yo.

Algo mejor

La escritora Sara Torres está sentada en el asiento del copiloto de mi coche. Vamos a pasar tres días juntas en el campo con otras doce mujeres que aún no conocemos, reunidas en torno a un seminario impartido por Sara dentro del proyecto de Circo de Circe y al que hemos titulado «Creación, duelo y deseo». Yo participo como cómplice y mi misión es sobre todo logística. Me ocupo de la coordinación de inscripciones, el reparto de las habitaciones, la organización de las comidas y ahora también de una parte del transporte, pues voy a llevar y recoger a quienes lleguen a la estación de tren de El Escorial hasta la casa que hemos alquilado para el encuentro. Sara y yo nos conocimos un año antes de este viaje, poco después de que ella publicara su poemario *El ritual del baño*. Aquella primera vez me habló de que estaba terminando un libro donde trataba la relación entre el duelo y el deseo, que se convertiría en su primera novela, *Lo que hay*. «La relación entre dolor y deseo es de tensión permanente

—me dijo entonces–. Deseamos en presencia del dolor y sobre el fondo del dolor». Yo, en cambio, me había concentrado mucho más en la palabra «dolor» que en la palabra «deseo» a la hora de afrontar el duelo por mi amiga. Con todo, el día que Sara y yo nos conocimos, ella aún no me había dejado, y aunque estaba a punto de hacerlo yo no podía ni imaginarlo. Me doy cuenta de que antes de su ruptura la palabra «amiga» era mucho más grande y rígida de lo que es hoy para mí. La imagino ahora como un tronco grande y seco, una palabra lista para romperse. Aquella primera vez, Sara y yo nos reunimos gracias a Safo. Una docena de mujeres nos sentamos en torno a una mesa decididas a estudiar a la poeta por puro placer, como si nada fuera a pasar después de nuestro encuentro más allá de nuestro sáfico disfrute. Ninguna sospechaba que pasarían muchas cosas después de aquel encuentro poético, porque el placer nunca es inocuo y conlleva a menudo consecuencias importantes. Tendemos a pensar que solo el trabajo duro ofrece recompensas tangibles y que solo las amistades fuertes se mantienen en el tiempo. Sin embargo, el placer y los lazos débiles (o flexibles) pueden ser igual o más importantes. Por ejemplo, a aquella mesa se sentó también, entre otras, la escritora María Folguera, que entonces estaba escribiendo la dramaturgia para la obra de teatro (sería más exacto hablar de poema visual) *Safo*, que estrenaría meses después junto a la directora Marta Pazos y a Christina Rosenvinge en el papel de Safo. Un espectáculo efímero (ya no se representa) y deslumbrante que envolvió las ruinas del teatro clásico de Mérida en suave tela rosa y convirtió a Christina en una estudiosa de la obra de Safo (y de todas sus dispares traducciones), hasta el punto de que, un año después, publicaría *Los versos sáficos*, un disco compuesto por nueve canciones que dialogan con los poemas originales, componiendo una propuesta única que podríamos llamar «pop sáfico milenario». Incluso este libro, como comprobaréis, tiene que ver con aquel inocente encuentro en torno a los versos rotos de la poeta de Mitilene. Pero, como decía, cuando Sara y yo montamos en mi coche un año después de aquel encuentro, la obra de teatro *Safo* no se había estrenado aún en el Festival Internacional de Teatro Clásico de Mérida, Christina no había compuesto *Los versos sáficos*, Sara no sabía que participaría en el concierto de Barcelona de Christina recitando sus canciones, junto a ella y su banda, y yo no sabía que un día llegaría a corear junto a otras miles de voces una estrofa que se convertiría en consigna de algunas amigas y que, como digo, en el momento de subir a mi coche aun no había escuchado y, lo que es peor, no habría sabido descifrar: «Contra la épica, estrofa sáfica».

Así que no, en este momento, en este coche, no he dedicado un segundo a pensar cuál es la tensión ética entre la épica y la estrofa sáfica, como tampoco sabría distinguir entre las amistades épicas o heroicas y las sáficas, como propuestas heredadas de la Antigüedad clásica y que aún cincelan nuestros afectos, y de las que hablaremos después. Lo único que sí ha cambiado respecto de mi primer encuentro con Sara es que mi amiga me ha dejado por el camino. Que ella me ha dejado y que Sara y yo nos dirigimos a una casa en las faldas de una montaña cerca de El Escorial para encontrarnos con trece mujeres desconocidas –tenemos sus nombres en una lista pero no sabemos ni hemos querido preguntar la edad, profesión o lugar de procedencia de cada una– que serán nuestras compañeras y a quienes hemos decidido llamar «amigas» antes incluso de conocernos. De modo que el curso cierra, según nuestro programa, con «paella, vino, conversatorio y una celebración de la amistad». Pero ¿es posible celebrar la amistad con desconocidas?, ¿existe la amistad militante? Y si así fuera, ¿cómo imaginamos que sería su celebración? Pero, sobre todo, ¿qué relación tiene este repentino deseo mío de celebrar a toda costa la amistad con la pérdida de una de las amigas más importantes que nunca he tenido? A Sara, de momento, no le he contado nada de mi abandono. ¿Quién querría celebrar la amistad con una mujer a la que dejan sus amigas? Por otro lado, en el momento en que sube a mi coche, Sara ya ha publicado *Lo que hay* y yo ya sé que el duelo que aborda en la ficción es el de la muerte de la madre de la protagonista, que dialoga con la pérdida de la propia autora. No tiene ningún sentido que le hable de mi abandono como un duelo, ya que me parece, todavía, una palabra demasiado grande para las amigas. Y más aún para las amigas vivas, por mucho que nos abandonen. Por lo demás, no hemos llegado hasta aquí para dolernos, o no solo. Nuestro deseo, el de las dos, es el goce. Y los dolores son de cada una y creo que ambas les hemos dedicado demasiado tiempo. Ella llega, además, de padecer una beca Humboldt que la ha encerrado en un gélido pueblo de Alemania donde solo le dejan pensar, trabajar o viajar en supuesto beneficio de la academia y, desde mi punto de vista, contra su talento y bienestar. Las reglas son estrictas y a Sara le cuesta moverse, venir a España cuando quiere, salirse del tiesto seco donde la ha plantado la universidad. La cuestión es que las dos, cada una por sus motivos, desea correr por el campo, trenzarse flores en el pelo, abrazarse a otras mujeres y recitar poemas en un jardín compartido. Después de todo, quien nos ha unido en esta idea es la poeta estadounidense Natalie Clifford Barney, la reina LGTBI del París de los sesenta, de quien Sara me habló por primera vez. Natalie dedicó buena parte de su vida a recibir a sus amigas y conocidas para hablar de literatura en su casa de París, que resultó ser además un misterioso y exquisito centro masónico. Allí, en el número 20 de la rue Jacob de París, en la Rive Gauche, organizó uno de los salones literarios más importantes del siglo XX durante más de sesenta años, los que van más o menos de 1900 a los años sesenta. Natalie recibió amigas y artistas en su salón para hablar de amistad y literatura, y muchas veces llevaron su simposio al jardín, y más concretamente al pequeño templo griego (cuyo origen se desconoce) que había en él y que Natalie bautizó como «Templo de la Amistad». Allí se reunía con sus amigas y sus amantes y juntas rendían homenajes a Safo, vestidas con túnicas y peplos para bailar y recitar, alrededor de aquella construcción griega, sus versos y cantos. El templo en cuestión, que presenta todos los elementos de uno original –con su estilóbato, sus columnas, su entablamento y su frontón– sigue en pie, aunque no se puede visitar, pero cualquiera puede asomarse a golpe de Google Earth. Pues bien, decía que Sara me enseñó fotografías en blanco y negro de Natalie con sus amigas en aquellos encuentros y compartió conmigo su admiración por la manera amorosa y combativa de estar en el mundo, además de abiertamente lesbiana, que abrazó durante toda su vida Natalie Clifford Barney.

Digo lo de amorosa porque de hecho sus relaciones fueron motivo de notoriedad y escrutinio público para ella, más incluso que su propia obra o su exitoso salón. Entre sus amantes figuraron Élisabeth de Gramont, la que fuera duquesa de Clermont-Tonnerre, Colette, Dolly Wilde (la sobrina de Oscar) y la pintora estadounidense Romaine Brooks, con quien tuvo su relación más larga. Todas aparecen en sus poemas, como también otras muchas que no fueron tan estables pero sí importantes. Ella misma se ocupó de organizar en torno a tres categorías a sus amantes, entre affaires, semiaffaires y aventuras. Colette, por ejemplo, fue un semiaffaire aunque terminaría siendo, además, una amiga para toda la vida. En todo caso, en su templo de la amistad, las amigas amantes de Natalie tuvieron un papel fundamental, tanto que su casa se convirtió en una libre y reconocida comuna lésbica, que retaba dulce y claramente el orden heterosexual establecido. Así, por ejemplo, Natalie creó, en respuesta a la Academia francesa, compuesta exclusivamente por hombres, la Academia de las Mujeres, en la que fueron nombradas académicas, entre otras, las escritoras Colette, Gertrude Stein, Djuna Barnes y Renée Vivien. Con todo, su propuesta era tan abierta como seductora y atrajo no solo a sus amigas, sino también y junto a ellas a las y los artistas más relevantes del momento. Por su salón pasaron André Gide, Ezra Pound, Scott Fitzgerald, T. S. Eliot, Marcel Proust, Peggy Guggenheim, Sylvia Beach, James Joyce, Aguste Rodin o Ernest Hemingway, a quien se le atribuye la frase «Hay muchos salones en París atendidos por expatriados, pero la señora Barney parecer ser la única con un templo real». Según cuentan quienes las disfrutaron, las reuniones podían ser de entre veinte y hasta cien personas y allí se servía y compartía de todo. Sándwiches, el mítico pastel de chocolate de la casa, fresas cristalizadas, té, oporto, ginebra y, por supuesto, whisky, la bebida favorita de los invitados norteamericanos. ¿Qué clase de amistad se defendía en aquel templo? Podríamos decir que, por encima de todo, se defendía una amistad de tipo lesbiano. Me refiero a una donde la jerarquía de la pareja heterosexual, la familia y las relaciones productivas y reproductivas convencionales no jerarquizaran en modo alguno la clase de vínculo que allí se celebraba. Cuentan, por ejemplo, que el día que Mata Hari llegó al salón lo hizo montada sobre un caballo blanco y completamente desnuda. Es decir, que cada gesto lúdico era también político y venía a subrayar, antes que cierta extravagancia, la determinación de vivir fuera de una convención opresiva. O, como mínimo, no solo dentro de ella.

No hay programa político o manifiesto escrito al respecto, porque a fin de cuentas eso habría sido otra atadura, pero sí cientos de poemas de amor y de amistad y una vida entera dedicada a la práctica y el estudio de la seducción de las mujeres por y para otras mujeres.

«Hagámoslo, fundemos un templo de la amistad», bromeamos Sara y yo el día que me contó la historia del templo. Luego nos dimos cuenta de que, a diferencia de Clifford Barney, nosotras no teníamos dinero ni vivíamos en París ni estábamos en los años veinte del siglo pasado. A nuestro templo imaginario le faltaba claramente la Rive Gauche, el jardín y la construcción original. «Pero seguro que encontramos a las amigas», bromeó Sara. «Y siempre podríamos alquilar algún jardín –añadí yo–, aunque fuera por un rato». Y eso hicimos. Y así es como hemos llegado juntas a este coche, aunque no hemos pedido a las asistentes vestir túnicas de seda ni llegar a nuestra residencia a caballo, aunque a las dos nos encantaría (estoy segura) que así fuera. Pero, por otro lado, a mí me faltaba otra cosa importante de la lista de Natalie que no hemos mencionado todavía: ser lesbiana.

«¿Crees que habrá mayoría lésbica?», le pregunto a Sara cuando tratamos de averiguar, con toda clase de juegos y especulaciones, cómo serán nuestras compañeras. «Espero que sí», responde risueña, segura de que nos aguarda la mejor com-

pañía. Está contenta en este viaje, cuando bromeamos se ríe de esa forma en que lo hacen las niñas,
como si en ese instante no hubiera nada más urgente que su alegría. Después se apaga y se queda
largos ratos en silencio, seria, casi rígida, mientras
contempla el paisaje. Fuera está el sol, la libertad,
la línea dorada del horizonte, todo lo que desea y
que sus elecciones académicas parecen haber cu-
bierto de frío y nieve.

«El dolor está ahí y su fuga es el deseo. Y nos
dolemos por las heridas del deseo, por lo que no
hemos conseguido, por lo que hemos perdido. En
ambos casos, que, como en Hermes, dibujan un
rostro bifronte, hay una presencia constante de
las otras y de los otros: ya sea conquista, ya sea
pérdida», dirá Sara más tarde en el taller, y yo lo
apuntaré en mi libreta. Pero todavía no hemos
llegado al encuentro, aún estoy aquí, sentada junto a ese rostro bifronte que no es el de Hermes
sino el suyo y conduciendo también mi propia
ambigüedad. Dudo de mí. ¿Tengo derecho a poner un pie en nuestro templo imaginado? Lo
pienso agarrada al volante de mi coche, un Volvo
familiar que hemos terminado de pagar hace dos
meses, un coche que a menudo conduce mi marido, el explorador griego, que es además veintidós
años mayor que yo. Si las relaciones heterosexuales jerarquizan las relaciones de una manera que
no conviene a las mujeres, los hombres mayores

son quienes más tiempo han disfrutado de la injusticia de esas reglas sin intentar cambiarlas. En ese sentido, a veces creo que, de entre todas las malas opciones heterosexuales, elegí la peor, por mucho que los individuos tomados de uno en uno no siempre sean reflejo de la estructura social que los sostiene. Aunque eso no es todo: en este coche donde nos movemos suelen viajar también dos niñas encantadoras, nuestras hijas, fruto de nuestra feliz reproducción, que es también la del sistema. La familia, ya se sabe, produce y reproduce las mismas normas sociales que a las madres fundadoras de esas familias nos gustaría derribar. ¿Sería mejor abolir las familias para cuidar a las amigas?, ¿abolir la pareja?, ¿a los hombres?, ¿a las madres? Dicho de otro modo, ¿es posible, dentro de las relaciones heterosexuales, que la fe en las amigas sea mayor (o igual) que la que tenemos en la familia, la pareja o los hijos? Pero, para decirlo todo, resulta que este es un coche que no he pagado con alguna herencia misteriosa y extravagante (como la que sí disfrutó Natalie Clifford Barney, que era la hija mayor del rico propietario de ferrocarriles Alfred Clifford Barney), ni con los beneficios de algún proyecto de emprendimiento cultural. He pagado este coche con el sudor de mi frente de asalariada. Soy tan convencional y eficiente a la hora de reproducir el sistema que ni siquiera he tenido el valor de hacerme freelance:

trabajo por cuenta ajena, que es la forma de aceptar por contrato cierto grado (casi siempre alto o muy alto) de alienación más celebrada por aquellas personas que más contribuimos a la pervivencia del sistema tal y como lo conocemos, y tal y como lo criticamos. No se lo digo a Sara, pero en este coche donde viajamos mis hijas están empezando a escuchar el reguetón violento y patriarcal que arrasa en Spotify, letras que pueden llegar al nivel de Kaydy Cain en el peor de los casos: «Baby, móntate en mi moto, que yo te dejo el toto roto» o «Que yo te grabo y mando el vídeo a mis compadres». En este pequeño habitáculo se está empezando a esculpir, digo, la arquitectura de su deseo conforme a una ideología marcadamente machista y algunas veces yo las obligo a quitar esas canciones o las enseño a analizar y rechazar cada verso, como una estricta y aplicada censora, pero otras veces las canto con ellas, porque tengo muchas ganas de cantar y pocas de censurar, y porque sé que ninguna de las dos opciones es la buena. Al final me da un poco igual cantar con Omar Montes lo de «Cuando vi ese culo con arena y sal, yo ya sabía que me iba a enamorar» que con el Kristoff de *Frozen 2* cuando le explica a la joven Anna su tóxica y típica declaración amorosa de «por fin eres mía». ¿Es que nadie puede cantar estrofas sáficas en Spotify? No, ya hemos dicho que todavía no. Llegarán a sonar en este mismo coche, pero hay que esperar. Pienso en todas estas cosas mientras conduzco en silencio y me digo que debo confesárselo a Sara. Debo decirle urgentemente la verdad: «Querida, debes saber que viajas con una mujer que ha fundado un templo a la heteronorma en este mismo coche, ahora mismo estás sentada sobre la naos del templo-Volvo, y yo sé que este trono no lo quieres para ti. Deberíamos aparcarlo y seguir nuestro camino por el arcén, por alguna carretera secundaria, hagamos autostop juntas. Te prometo que nos parará una furgoneta desvencijada llena de activistas LGTBIQ+ y cantaremos juntas eso de "Every woman is a lesbian at heart", igual que Steph, Stella y Zoe en la película *Pride*». Pero, por supuesto, no le digo nada y sigo las indicaciones del GPS. Me callo, espero. La observo y contemplo también la sombra de su dolor en el gesto, esa pena que mece dentro y que no nombra, pero tampoco oculta. Puedo verla y quiero conocerla. Y siento que Sara puede verme y quiere conocerme. No hace falta más. A lo mejor no hace falta más.

«Nunca he abandonado a ninguna de mis amigas –escribió Natalie Clifford Barney–. Me han abandonado, pero yo nunca las he abandonado a ellas». Y al decir esto creo que no solo estaba hablando de su forma de cuidar o aceptar a sus amigas, sino también de la centralidad que quiso que las amigas tuvieran en su vida y también de la amistad entre mujeres como una forma de amor capaz de hacer frente (o resistir) a la asimilación de un sistema heterocentrado y patriarcal. De modo que no puedo evitar preguntarme si algo hubiera cambiado entre nosotras, entre mi amiga y yo, si no hubiéramos sido dos mujeres heterosexuales. Y pienso que sí. Creo que algunas cosas habrían sido distintas. Por ejemplo, nosotras nunca llegamos a vivir la amistad como un territorio esencial para la construcción de nuestra identidad y de nuestro proyecto de vida. Y no me refiero ahora a la amistad entre las dos, sino al lugar que ocupan las amigas en el relato vital de una mujer casada heterosexual. Son fundamentales, sí, pero no son centrales. En nuestro caso, aun siendo de generaciones distintas, mi amiga y yo fuimos educadas (más bien diría entrenadas) para poner a la pareja masculina en el centro de nuestras vidas y de nuestro proyecto vital. Y no solo eso, también para cuidar a esa pareja que, según la norma social primero y nuestro deseo después, debía ser un hombre, y para consentirlo, cuidarlo y aguantarlo. Muchas, puede que todas, hemos escuchado hablar a nuestras madres o abuelas de todo lo que han tenido que aguantar a los hombres a lo largo de sus vidas, y diría que la mayoría hemos aguantado después de ellas a nuestras parejas (sean hombres o mujeres) mucho más de lo que consentimos o toleramos a nuestras amigas. En cambio, pocas historias de dedicación o sacrificio amistoso a lo largo de la vida hemos conocido. La pareja es el centro y nos esforzamos en seducirla, en conservarla y en perdonarla mucho más de lo que nos esmeramos en no abandonar a nuestras amigas. La pareja, la familia, el trabajo, los estudios y hasta el gimnasio merecen ciertos sacrificios en aras de un bien mayor. Y, llegado el momento del adiós, dejamos a nuestras parejas como lo que son para nosotras: la pieza más importante de nuestras vidas, un asunto central. Mi amiga no habría abandonado a una pareja de veinte años (ni de diez, ni de cinco, puede que ni de cinco minutos) sin una explicación larga y razonada. Pero a mí sí. Conmigo no sintió que tuviera que ofrecerme razones ni relato, no lo hizo cuando lo decidió, y tampoco cuando se lo pedí. A lo mejor por eso sigo dándole vueltas por aquí, hablando sola. Y lo peor de todo, lo más frustrante ahora, es que sospecho que ni siquiera fue una cuestión personal. La palabra «amiga» no significaba lo mismo para nosotras que para las mujeres que leían a Safo en el Templo de la Amistad de Natalie. Nosotras, en el fondo, sabíamos que no éramos una cuestión vital la una para la otra, que no éramos el centro mismo de nuestra identidad. Éramos importantes, sí, yo esperaba mucho (creo que esa parte la he dejado clara), la quería mucho, pero las dos habíamos colocado a nuestras familias en la cúspide de nuestros afectos. Lo primero es la pareja, el amor romántico, el eje central de la vida de cualquier mujer. Pero, un momento, ¿ha sido ese el eje central de mi vida? ¿Lo fue de la suya? Me lo dijeron, me lo cantaron, me lo contaron los mejores guionistas del mundo, las mejores mentes de cada generación escribieron para mí los mandamientos del amor romántico. Y dejaron dicho que, si este amor es lo bastante bueno, entonces me realizará, dará sentido a mi vida, y la prueba de su bondad es que será un amor capaz de generar lo que está bien, así que dará frutos preciosos a los que llamaremos «hijos». Estoy hablando de un amor capaz de convertir a la mujer en madre sin necesidad de pasar por una clínica de fertilidad, un amor cuya naturaleza es generar lo que es bueno y que dará a luz no solo a los hijos sino también a la madre (y esclava) que antepondrá a sus hijos (naturalmente) no solo a sus amigas sino también a su pareja e incluso a sí misma. De modo que, solo en los laterales de la existencia de una mujer heterosexual habrá un espacio para las amigas, un lugar periférico puesto que de las amigas no dependerá en ningún caso la supervivencia material ni emocional de las mujeres en la arquitectura de vida heterosexual. Por supuesto, el espacio de la amistad puede agrandarse y ganar relevancia a medida que una mujer fracasa en algunos de los asuntos fundamentales de su existencia, tales como la pareja o la maternidad. Será más fácil cuidar a las amigas y colocarlas en el centro de un proyecto de vida juntas cuando no tienen que competir con la pareja o los hijos de la otra como ejes centrales de la identidad. En este sentido, las amigas pueden llegar a ser un premio de consolación de quienes no triunfaron a la hora de construir la *vida correcta*. Pero ya he dejado dicho que yo sí hice *lo correcto*: pareja, casa, hijas, trabajo, coche y hasta gimnasio. Entonces, en casos como el mío, ¿hay realmente espacio y tiempo para las amigas?, ¿fui capaz de hacerle sentir que ella era para mí tan importante como otros afectos?, ¿sintió mi amiga que tenía que competir por mi afecto frente al que yo sentía por mi pareja?, ¿cuánto tiempo pasamos hablando sobre los sentimientos que cada una generaba en la otra?, ¿cuántas horas dedicamos a hablar de nuestras pasiones y diferencias? Comparo el tiempo que he empleado en analizar mis sentimientos amorosos con y hacia mis amigas con el que he dedicado al intercambio psíquico o emocional con mis parejas y la diferencia es vergonzosa. No solo es que siempre gane la pareja, sino que, también en las conversaciones entre amigas, hemos dedicado muchísimo más tiempo a descifrar los sentimientos que cada una alberga hacia su pareja (o sus respectivas parejas hacia ellas) que a los que mutuamente nos profesamos. Es decir, la amistad entre mujeres heterosexuales se sitúa, incluso dentro de las conversaciones amistosas, como el satélite de dos astros más grandes, importantes y centrales, que son el amor romántico primero y el materno después.

Si así fuera, podría tener sentido que ella me dejara sin explicaciones, como sin darle importancia a lo nuestro, porque a lo mejor el hecho es que no nos dimos la importancia que merecíamos. Lo que es seguro es que yo debí de dejarle un espacio más bien estrecho en mi relato y por eso mismo la pena por su abandono no puede ahora ser tan grande como la imagino o la cuento. En mi caso, a las exigencias afectivas ya descritas he ido sumando otras profesionales, creativas e incluso estéticas. En ocasiones ha sido más importante para mí ir al gimnasio (o atender a otras formas de exigente autocuidado, que a menudo es un eufemismo de culto al cuerpo) que entregarme al cuidado y culto de las amigas con la devoción que merecen. En una vida así, ¿era realmente posible para nosotras ser buenas amigas? Me gusta pensar que sí, tengo fotos que dicen que sí, recuerdos que lo demuestran, pero también la sombra de una duda razonable sobre toda nuestra historia. En todo caso, aun asumiendo que nuestra amistad no fuera central, sí fue real, de eso estoy segura. Y era leal. La lealtad sí fue una exigencia compartida por las dos. Después de todo, eso es una amiga, ¿no? La que no te deja, la que no te falla, la que está siempre. Aunque no sé, hasta la idea de lealtad me parece ahora un poco tramposa.

«Ya no sé quiénes son mis amigas, no es tan sencillo», confieso en una cena íntima durante el proceso de escritura de este libro. «Si un día me llamas a las tres de la mañana y me dices que hay un cadáver en tu casa, iré a retirarlo sin hacer preguntas porque yo soy tu amiga», responde una de las mujeres de la mesa. Y supongo que tiene razón, que esa es la clase de lealtad que se espera de las amigas. Poner la mano en el fuego, ser parte del mismo bando, luchar en las mismas guerras. Creo que debo sentirme agradecida, halagada. Pero aun así, dudo.

¿Es eso lo que espero de una amiga, que limpie la sangre, que muera por mí, que no se mueva del sitio pase lo que pase? ¿Es que la amistad tiene algo que ver con los cadáveres, con estar dispuestas a dar la vida por la otra? ¿Tienen las amigas que seguir juntas hasta el final? ¿Es ser amigas una respuesta a la idea de la muerte? Empiezo a pensar que no. Deseo que no. A lo mejor la amistad tiene que ver con algo tan sencillo como es conocer a una persona. Tiene que ver con el deseo y el asombro, también con el amor y la verdad, con decir la verdad. Recuerdo cuánto me esforzaba en evitar cualquier daño a mi amiga, en cómo prefería silenciar algunos asuntos con tal de evitar cualquier sombra de dolor entre nosotras, o sobre ella.

Volvamos un momento al coche donde empezó este capítulo. En este momento, mientras Sara mira por la ventanilla ajena a todo en esta historia, ¿puedo decir que es mi amiga? Puedo verla y quiero conocerla. Puede verme y quiere conocerme. Y aquí y ahora, en este coche, no hace falta más. Pero ¿qué pasará cuando la conozca a través del tiempo, a lo largo de los años? ¿Fijará el tiempo nuevas exigencias entre nosotras?

El problema del tiempo es que las personas no se quedan nunca quietas en él, están siempre cambiando, moviéndose: no mantienen las mismas ideas, ni siquiera sus propios cuerpos serán los mismos. Por eso es complicado asociar una idea de lealtad estática a una persona en pleno proceso de transformación, es decir, a cualquiera que esté viva. Porque cuando cambian las personas (cuando crecen, viajan, se enamoran o simplemente leen un libro) sucede a menudo que cambian también sus sentimientos. Y si esto es así, podríamos decir que he estado mintiendo a lo largo de toda esta historia, porque he asegurado que una amiga me abandonó cuando, en realidad, fueron muchas, muchísimas amigas distintas las que ella fue a lo largo de nuestra historia. Y, por supuesto, no todas las que ella fue me gustaron ni me trataron igual. Con todo, aunque fuéramos distintas, aunque todo estuviera cambiando, yo me mantuve firme en la idea de exigir que una sola cosa no cambiase: nuestra mutua lealtad. Pero ¿cuál sería el precio de esa lealtad? En tiempos de guerra, la lealtad entre las amigas sería la vida. Y en tiempos de paz, la mentira o el abuso. Me refiero a que se pretende que los sentimientos no cambien si la lealtad permanece, a que te conozco puesto que siempre te ayudo, te entiendo puesto que siempre estoy para ti. Pero conocerse es otra cosa y asume otros riesgos, empezando por el de dejar de gustarse o interesarse. Y, en el mejor de los casos, el de aceptar a la otra como es, también con lo que menos te gusta de ella. De modo que existe un tipo de amistad donde la despedida es posible y forma parte del riesgo y la alegría de conocernos. Un tipo de amistad que no teme al cambio, sino que lo acepta y convive con todas sus posibilidades, incluido el dolor. No se trata, pues, de ser amigas contra la muerte, sino amigas frente a la vida. No quiero que nadie recoja mis cadáveres, de hecho no quiero matar a nadie. ¿Puede una amiga aceptar algo tan sencillo como el reto de conocerme y aceptarme como soy? ¿Tengo alguna amiga tan importante que haya hecho eso por mí a lo largo del tiempo? Por suerte, puedo decir que sí. Pero ¿podría una amiga así aceptar que mis sentimientos hacia ella podrían cambiar por la sencilla razón de que ella misma está destinada a hacerlo? ¿Acaso puedo yo aceptar tal cosa de mis amigas? Por lo visto, y dado que estoy escribiendo un libro entero a las amigas que ya no somos, parece que no, que no soy capaz de aceptarlo. En vez de eso, parezco programada para desempeñar una amistad heroica hasta el final, una amistad fraguada en el calor de la batalla y cerca de la muerte. Estoy hablando de la amistad épica, un tipo de amistad guerrera y tradicionalmente masculina que ha monopolizado el relato de la amistad entre los hombres pero también entre las mujeres, como si la épica guerrera fuera la cumbre de cualquier relación de solidaridad o de amistad.

Pienso en el batallón sagrado de Tebas como germen de esa clase de solidaridad amistosa. Los amigos amantes no se dedicaban a cantar los versos de Safo en un Templo de la Amistad con violetas en el pelo, sino a matar unos por otros. En concreto, los de Tebas fueron la unidad militar de élite más temida de la antigua Grecia. Un ejército formado por 150 parejas de amigos amantes, todos varones, capaces de poner fin a la dominación de Esparta en el siglo IV antes de Cristo. Eran invencibles por la sencilla razón de que estaban dispuestos a morir unos por otros. Cuando estás combatiendo necesitas un colega al lado pero, al mismo tiempo, eso que tienes que hacer (luchar, matar, morir) es algo que harás mejor al lado de alguien a quien amas. Desde mi punto de vista, la amistad masculina (que corre pareja a la esencia de la masculinidad) no ha evolucionado tanto desde aquel batallón de Tebas. Por supuesto que no todas las parejas de amigos son amantes, pero sí existe entre ellos la épica fecunda y largamente celebrada de las amistades heroicas. Desde Ulises y Patroclo en la *Ilíada* hasta las hazañas de John Wayne y Robert Mitchum en *El Dorado* o las historias de amistad y mili de nuestros padres. La amistad entre los hombres se ha definido una y otra vez como una forma de solidaridad sin fisuras en la batalla y con el tiempo se han ido olvidando de que esa lealtad procede del amor y del deseo carnal, y no del honor. La amistad heroica masculina es radicalmente homosexual en su sentido más viril. Es ese «Uno para todos y todos para uno» que viaja en el tiempo desde *Los tres mosqueteros* de Alejandro Dumas hasta la película *El show de Truman*, donde el lema oficial de Seahaven, la falsa ciudad donde vive el pobre Truman, es precisamente «Unus pro omnibus, omnes pro uno». Las amistades masculinas son así, los hombres han sido educados para ser bando, legión, manada, guerreros dispuestos a morir. Los hombres llevan siglos, milenios, preparándose para dar la vida por otros hombres llegado el caso. No necesitan hablarse ni contarse sus sentimientos ni ocupar un relato central en la vida del otro, no necesitan conocerse siquiera, lo único que les hace falta para ser amigos es comportarse como hombres *de verdad*. Si alguien tuviera alguna duda sobre los fundamentos de las amistades heroicas, creo que Steven Spielberg los desarrolla mejor que nadie en la película *Salvar al soldado Ryan*, nominada a once Óscars y ganadora de cinco, donde el capitán John H. Miller (Tom Hanks) y siete de sus hombres van en busca de un paracaidista, el soldado James Francis Ryan (Matt Damon), que ha perdido a sus tres hermanos en combate. La propuesta es que ocho hombres estén dispuestos a morir para salvar a uno y, evidentemente, cuando llega el momento ninguno tiene sombra de duda sobre lo que hay que hacer y lo que hará. No se conocen entre ellos, pero no lo necesitan, la guerra los hará amigos y todos los saben. En las amistades heroicas llega un momento en que lo único que un amigo debe hacer es estar dispuesto a pelear, matar y hasta morir por sus amigos. Por eso el desafío de la vida, el no temer a la muerte y la idea de conquista están tan arraigadas en la masculinidad épica. Y por eso, en cuanto un hombre hetero tiene un amigo, sus enemigos deben temblar. Llegados al extremo de esta idea, podríamos pensar que si los hombres dejasen de tener amigos, las guerras se extinguirían. ¿Y dónde quedan los hombres homosexuales? Los verdaderos sucesores del batallón de Tebas han mantenido una lealtad radical a los amigos amantes, muy distinta de la malentendida amistad heroica y guerrera. Una cosa fue usar a los amigos de Tebas para la guerra y otra distinta creer que las guerras demuestran quiénes son nuestros amigos. A lo largo de la Historia, la lucha de distintos movimientos de hombres gays ha apostado no solo por la defensa «del colectivo», sino también por el apoyo a la diversidad colectiva. Y, en el sentido amistoso y comunitario, ellos han sido los primeros en nombrarse como «amigas» para referirse a sí mismos dentro de un femenino universal, donde ese rabito suyo que asomaba al final de la letra «a» para diferenciarla de la «o» no subrayaba solo una cuestión de género, sino que proclamaba también el deseo de una amistad distinta, concebida para acompañar en la vida y no en la guerra, un orgulloso femenino plural. Dicho de una forma pop y contemporánea, esta es la razón por la que Rupert Everett es gay en *La boda de mi mejor amigo*, además de en la vida real. Porque de haber sido un amigo hetero habría sido imposible el perfecto final de amigas donde la fantasía romántica renuncia a la victoria y a la venganza.

Así que reniego de la lealtad y de toda la épica de las amistades heroicas. Pero, al mismo tiempo, reconozco que he sido esa clase de amiga, la que recogía cadáveres o incluso los sembraba en nombre de sus hermanas y hermanos. ¿Quiere esto decir que existe una forma de ser amigas que también dicta la costumbre masculina? ¿Podríamos decir que las amistades heroicas fundaron unas reglas crueles que las mujeres imitamos en nuestra larguísima lucha por *la igualdad*? ¿Significa esto que cuando hablamos de ser amigas nos exigimos ser amigas al estilo cruel de las amistades heroicas? Dicho de otro modo, ¿sería posible que el ritmo de la amistad entre mujeres estuviera marcado por los hexámetros dactílicos de Homero antes que por la estrofa sáfica? Y entonces, si existiera una forma de comportarse como un hombre en la amistad, ¿existe también una forma de comportarse en la amistad como *toda una mujer*? Lo primero que he de decir al respecto es que sigo sin entender por qué han de ir ocho soldados a salvar al soldado Ryan, un tío al que ni siquiera conocen en una guerra que la mayoría no entiende. ¿Por qué tienen que ir, por qué van y por qué resulta tan conmovedor que lo hagan? Es porque han matado a todos los hermanos de Ryan y porque, para salvar la moral bélica de una sociedad, ocho deben estar dispuestos a morir. De modo que una guerra implica, en la épica de las amistades heroicas, una moralidad. Así que, por increíble que parezca, la guerra es la opción más ética para los héroes. Y los héroes siempre tienen amigos dispuestos a estar en su bando. Amigos capaces de lanzar bombas sobre hospitales infantiles, como estamos viendo en Gaza, creyendo que responden a una cuestión moral.

¿Y las mujeres? ¿Estamos imitando esa clase de amistad heroica y cruel? Quiero pensar que no, pero diría que la amistad épica de Homero ha calado más hondo y de manera más universal que la amistad empática de Safo. Y creo que se debe a que la propagación de la primera es más sencilla, se adapta mejor al eslogan, a las normas y al canto dogmático. Los guerreros (como los futbolistas o los brokers) se animan con cantos porque toda la épica heroica hay que cantarla y compartirla con palabras, mientras que la estrofa sáfica, aunque también está hecha de palabras, se apoya sobre todo en la empatía, en el rayo poético, y convive dulcemente con el fragmento, con las palabras rotas, que es donde su fuerza ha resistido.

¿Y nosotras dos, qué clase de amigas fuimos?, ¿empáticas o épicas? Mucho me temo que lo segundo. Fuimos las dos demasiado rígidas, teníamos más expectativas que empatía. ¿Fue por su culpa? ¿Fue culpa mía? ¿O más bien es que la estructura amistosa que conocimos exigía de nosotras esa clase de vínculo? ¿Cuánta empatía es capaz de desplegar la palabra «amiga»? Me refiero a cómo se está conjugando la palabra «amigas» en ese nosotras más amplio e importante que representa la relación entre las mujeres y su lucha por un cambio estructural en el mundo. Me refiero ahora a cómo se comporta la palabra «amiga» en el feminismo. Y qué arquitectura tienen los vínculos que nos sostienen unidas en defensa de un cambio que es decisivo para la supervivencia de las mujeres, de los derechos humanos y del cambio social y político que este mundo necesita para sobrevivir. Nos sobran las guerras y nos faltan las amigas, eso es así. Y es peligroso. El mundo entero podría destruirse si las amigas no encuentran su lugar. Muy pronto no quedarán soldados que salvar. Pero ¿estamos siendo empáticas las unas con las otras, o por el contrario buscamos batallones sagrados como el de Tebas donde combatir? «Sororidad» es un término relativamente moderno y reciente (recogido en la RAE desde 2018) que se refiere a la relación de solidaridad entre mujeres, especialmente en la lucha por su empoderamiento. Es decir, es un término que flirtea con la épica y la pelea antes que con la empatía, tan necesaria para la supervivencia de las amigas. Llegados a este punto, quiero recordar el poema de Christina Rosenvinge «Contra la épica», del que hablaba al principio de este capítulo, y que canta a la amistad que nos reunirá a todas contra cualquier conato de heroicidad.

Tú no serás la esclava fervorosa.
Tú no serás la amiga virtuosa.
Tú besarás la espina y no la rosa.
No tienes miedo.

Me gusta la idea de no tener miedo y de no ser esclava ni amiga virtuosa. Yo no fui la amiga virtuosa que ella deseó, y no pasa nada. No quiero ser la amiga virtuosa, no quiero tener miedo, quiero besar la espina y no la rosa. Y me gusta cantarlo con cientos y miles de veces amigas porque, como dice esta misma canción:

Fuera la cosa se está poniendo fea.
Dentro las niñas llenan la platea.

Pero las niñas de la platea, ¿son amigas? Lo digo porque fuera se habla muy poco de lo que significa ser amigas, y cuando sucede, a menudo se idealiza de forma tan irresponsable como antes se hiciera con el amor romántico; al mismo tiempo, las cosas se están poniendo feas, incluso feísimas algunos días, en algunos países, en algunas casas, en demasiadas habitaciones. Y cuando las cosas se ponen feas, no acariciar la empatía que debe desprenderse de esta palabra puede ser muy doloroso. ¿Fuimos nosotras amigas cuando las cosas se pusieron feas? ¿Por qué no quiso ella besar mi espina?

Eras maestra, hoy serás alumna.
De mi deseo,

canta Rosenvinge.

Héroes y heroínas deberán ser convertidos, deberán abandonar la jerarquía de sus normas y la verticalidad de su pensamiento para llegar a ser, de una vez, alumnas del deseo. Lo hablaba con Juan Benet en el segundo capítulo de esta historia. La España de las amigas, la Europa de las amigas, la globalización de las amigas, el mundo de las amigas, solo hay que escribir de eso, es lo único que importa, le decía. ¿No te das cuenta de que ese nosotras es lo único que de verdad podría cambiar las cosas? ¿Es que no ves que el futuro depende de cómo se decline la palabra «nosotras»? ¿De que mi amiga, la forma en que me abandonó, es importante para la Historia? Llego al final de nuestro relato convencida de que es así, de que el futuro depende de cómo se decline la palabra «amigas». Y te juro, Juan, que no soy la única. Y vosotros, ¿qué vais a hacer?, ¿por qué estáis tan enfadados los tíos últimamente? No digo que sea culpa vuestra, pero los hombres heterosexuales lleváis demasiada violencia dentro, demasiadas guerras, demasiado honor, demasiado deber ser y, en demasiadas ocasiones, demasiadas drogas o alcohol (en tu caso, whisky) para anestesiar torpemente lo mucho que todo eso debe de doler. La única salida no gusta a muchos. Pero es lo mejor para todas. Los hombres heterosexuales fuisteis maestros de nuestro deseo; hoy seréis alumnos. Del amistoso y también del otro. No debería ser la guerra, sino la gran fiesta. Pero no sé qué decirte, tú estás muerto y contigo se puede hablar, pero hay demasiados tíos zombis por aquí. Se esconden en una región imaginaria llamada Twitter y te juro que piensan como verdaderos trols.

En la lista de los pensadores más influyentes del mundo elaborada por cincuenta y seis personas (filósofos, historiadores, politólogos, tecnólogos…) para el suplemento *Ideas* de *El País* en el año 2024, el primer lugar lo ocupa la filósofa Judith Butler. Thomas Piketty, Noam Chomsky y Jürgen Habermas ocupan el segundo, tercer y cuarto puesto respectivamente. «A mí me ha sorprendido mucho que la número uno sea Judith Butler», me dijo Soledad Gallego, la que fuera la primera mujer directora del periódico *El País*, la mañana en que celebramos, en el Ateneo de Madrid, el número 500 del suplemento donde las dos escribimos cada domingo. A Gallego le sorprende la enorme relevancia de Butler, no solo en el pensamiento contemporáneo sino también en el pensamiento de izquierdas, puesto que, cuando este mismo suplemento elaboró la lista de los pensadores más influyentes de la izquierda, Butler fue la número dos, solo por detrás de Karl Marx. La pregunta sería: ¿por qué el género y todo lo relacionado con el cuerpo, la intimidad y las relaciones personales tiene tanta relevancia en el pensamiento de izquierdas? ¿Por qué las relaciones entre las amigas podrían ser fundamentales para el pensamiento de izquierdas?, me permito añadir. Yo creo que este reconocimiento a Butler nos habla, en cierto modo, de una de las preguntas más importantes para la filosofía política contemporánea y para nosotras, las amigas, una pregunta aparentemente sencilla: ¿cómo vamos a conjugar la palabra «nosotras»?, ¿quiénes formamos parte de ese nosotras?, ¿cuántas amigas caben en ese nosotras, cuántos cuerpos, cuántos orígenes? Cuando hablamos de amigas, ¿cuántas voces distintas caben en la pandilla? La pregunta y el género de la misma son relevantes no solo para ella y para mí, sino para el futuro de la humanidad. En este sentido, si la acción política que cambió el siglo XX fue marxista, la que está cambiando y cambiará el XXI será feminista. Hemos consumido ya un cuarto de siglo, y no hay duda de que definir el sujeto político del feminismo o, lo que es lo mismo, decidir cuántas personas caben en la palabra «amigas», es un asunto crucial para nuestro futuro. No es casualidad que en 2017 la ultraderecha recogiera 370.000 firmas en Brasil para evitar la visita de Judith Butler al país y que quemaran una imagen suya. Ella, nosotras, todas las que nos decimos amigas, somos el demonio de la ultraderecha, donde, por otro lado, las amistades se cosen con los hilos de oro de las viejas amistades heroicas. La ultraderecha mundial es un batallón de chicos muy duros (y muy pocas chicas) dispuestos a dar la vida de todos por salvar a uno. Y sí, a todos les gustan las películas de guerra.

Por eso creo que la palabra «amiga» deberá ser tan importante para nosotras como lo fueron conceptos como la plusvalía o el capital para el viejo Karl, que podría haber sido una buena amiga, en su sentido más universal y erótico, igual que lo son para mí mis queridos Juan o Platón. A Marx le hubiera encantado Butler, porque con ella ha regresado un sentimiento que había desaparecido del mapa, y es que el pensamiento va unido a la acción, que si pensamos el mundo es porque vamos a actuar sobre él, no solo para descifrarlo sino también para cambiarlo, y que la filosofía está destinada a la acción. Me refiero a una forma de pensar que estaba en Marx y en los existencialistas pero que fue desapareciendo con la posmodernidad, cuya reflexión sobre el mundo se fue volviendo cada vez más abstracta e individualista y que, desde luego, no fue la mecha de ninguna revolución. Es como si la posmodernidad creyera que los intelectuales son seres muy listos que se dedican a las ideas que hay en su cabeza para iluminar el mundo en vez de ocuparse de las ideas de todos, que es una clase de ejercicio y de pensamiento que obliga a estar más en la vida, más en la acción pero, sobre todo, más con las demás personas. A lo mejor es que mi amiga se volvió posmoderna, le apeteció retirarse a descansar a su cabeza, pensando solo en sus cosas, sin hacer daño a nadie. Pero no es verdad. Me hizo daño a mí. Porque pensar solo en nuestras cosas es un ejercicio cruel, aunque no sepamos quién está sufriendo al otro lado.

Y, puestas a actuar, resulta que la amistad, como el amor, es en realidad una forma de activismo con la potencia necesaria para cambiar el mundo. De hecho, los sentimientos tienen un fondo político tan enorme que no somos capaces de medir sus consecuencias. Su onda de choque es mayor que la de ningún explosivo. Por ejemplo, imaginemos que va un tipo y dice «Amaos los unos a los otros», ¿qué podría pasar después de eso? Pues que se inició una revolución. Y si ahora decimos «Amaos las unas a las otras», las preguntas empezarían enseguida. ¿Quiénes son las unas? ¿Cuáles, las otras? ¿Cuántas caben en las unas y de dónde vienen las otras? ¿Tiene ese nosotras la capacidad de conjugarse hasta el infinito? Pues bien, estas preguntas amorosas son precisamente las que recorren el feminismo y atañen directamente al significado de la palabra «amiga». En los conflictos y tensiones del feminismo de este siglo se habla de género y de borrado de mujeres, también de religiones incompatibles con la lucha feminista, pero de lo que de verdad se habla es del borrado de la posibilidad de ser amigas, de amarnos (y aceptarnos) las unas a las otras. Y, al hacerlo, se borra la posibilidad de la revolución. Mi amiga prendió en mí la idea de una revolución, la de nosotras dos, pero también la de trabajar de la mano por dejar un mundo mejor del que recibimos. Hicimos cosas juntas, compartimos proyectos importantes. Pero, en algún momento, ella decidió que tenía el poder de decidir quién cabía y quién no en su revolución. Y, como sabéis, a mí me echó. De su lado y de los proyectos que un día compartimos.

No es casual que sea el feminismo más conservador (más preocupado por conservar su poder que por cualquier sentimiento amoroso o amistoso) el que se haya apresurado a imponer una clase de sororidad heroica, un hermanamiento hambriento de lucha y de victoria. Así, los grupos de mujeres transexcluyentes se comportan, allí donde se conforman, como un batallón de amazonas tebanas. Su guerra es, precisamente, determinar quién es digna de formar parte de la palabra «nosotras», quiénes pueden ser amigas y quiénes jamás lo serán, quiénes pueden entrar y quiénes no en una habitación de la que solo unas pocas elegidas tienen llaves. Cuando mi amiga me abandonó sentí que hacía justo eso. Fuera, tú no puedes estar aquí. Nunca más. Ahora. Otras pueden quedarse, pero tú no. Porque lo digo yo, que sé más que tú. He llegado antes aquí y ahora puedo decidir quiénes han de pasar y cuáles quedarse fuera.

Este feminismo transexcluyente maneja conceptos heroicos y tradicionalmente masculinos, tales como la lealtad, el honor y, en general, la idea de que la guerra entre nosotras es la respuesta moral más adecuada para un desencuentro filosófico o amistoso. Para estas mujeres no puede haber solución sin ganadoras, necesitan una jerarquía de poder tradicional y fácilmente descifrable, un buen eslogan y una canción. Y así pregonan una guerra entre las mujeres que entienden como una misión moral, es decir, ellas quieren ser John Wayne en una de vaqueros, sueñan con ir a buscar a la soldado Ryan aunque muchas mueran por el camino, se sienten con el poder de ser las maestras, de haber vivido más, se reconocen de pronto merecedoras de privilegios (porque aseguran que ellas sí se los han ganado) que otras no merecen y no quieren compartirlos con otras más jóvenes y más vulnerables, quizá más pobres.

¿Y ella? ¿Sintió mi amiga en algún momento que estábamos en guerra? ¿Es posible que mi existencia amenazase sus privilegios? ¿Puede que mi juventud le resultara insolente o inapropiada en algún momento? Me pregunto cuánta doctrina hemos aceptado las mujeres a la hora de creer que nuestras amigas deberán ser iguales a nosotras en todo o que, de lo contrario, supondrán una amenaza para nuestra supervivencia. Dicho de otro modo, el día que dejó de ser mi amiga, ¿lo hizo respondiendo a alguna clase de moral o misión? Ella era la mayor, atesoraba mayores privilegios, fue mi maestra en muchas ocasiones. ¿Llegó a sentirse amenazada por mi forma de estar en el mundo? ¿Pensó que quería quitarle algo que debería ser solo suyo? ¿Le pareció en algún momento que estaba intentando meter demasiada gente en la palabra «amigas», una palabra que debía reservar solo para nosotras dos? La amistad, ya se sabe, es un concepto muy grande donde cabe muy poca gente, de eso ella estaba tan segura como la mayoría de las personas que conozco. «Tienes que imaginarte que existe un gran teatro –me decía cada vez que vivía un desengaño amistoso, algún encontronazo o una decepción familiar o laboral–. Puede haber mucha gente en él, pero tienes que tener claro a quiénes sientas en las mejores butacas, quiénes tienen palco, quiénes platea y quiénes van directamente al gallinero». Y yo entendía lo que quería decirme. Se refería a que todas tenemos pocas amigas *de verdad*, a que hay que estar alerta, a que no debe entrar ninguna farsante en la habitación. Pero ¿acaso fuimos nosotras, en algún momento, esa clase de amigas de verdad? Es difícil creer que sí después de que me explicara que para ella no fuimos amigas; no de la clase que yo pensaba, desde luego. A lo mejor lo que pasó es que nunca tuve una buena localidad en su teatro imaginario. Pero qué más da eso, si yo solo quería bailar en el foso. En el fondo, nunca me interesaron sus preciados palcos. La recuerdo cantando con su bañador azul océano, descalza y despeinada, con esa fuerza vital que desplegaba y la alegría que me daba contemplarla. Mi amiga era (y es) una forma de belleza en este mundo y alguna vez, muchas incluso, quiso compartir esa belleza conmigo, y hacerlo a solas. Como la primera vez que la escuché cantar rancheras por la playa, feliz y despechada al mismo tiempo, entrando en el agua y bailando para mí y para nadie más al mismo tiempo. Yo nunca había cantado así para una amiga, como si no estuviera delante y precisamente haciéndola sentir presente en mi intimidad. Algunas veces nuestra intimidad fue así, solo nuestra. Y habitar uno de esos instantes sigue siendo fácil y placentero para mí, incluso ahora, después de todo lo que ha pasado, después de este libro, puede que precisamente por haber escrito este libro.

Con todo, creo que es política e íntimamente necesario abrir los pétalos de la palabra «amiga» en vez de arrancarlos. Recuerdo el *Lisis* y la buena idea, pensada hace más de dos mil años, de que las amigas no tienen que ser iguales entre sí, sino ser capaces de desarrollar relaciones de igualdad. Ojalá no hiciera falta cantar eso de «Every woman is a lesbian at heart» porque las relaciones entre nosotras, con independencia de cuál fuera nuestro deseo sexual, no vinieran dictadas por la existencia de igualdad, en el sentido de semejanzas exigidas entre nosotras como una forma de dogma y no de derechos jurídicos iguales (que aquí no se discuten) para todas las personas. Han pasado cuarenta años desde aquellos cánticos, y no creo que ninguna canción pueda empezar con ese inocente y peligroso «Every woman». No existen ya, por fortuna, las *every woman*, pues cada una es distinta y tiene derecho a su diferencia, ni las *besties* (*best friends for ever*) ni cualquier forma de relación amorosa entre mujeres que resulte excluyente de otra realidad. Ni siquiera el jardín sáfico de Natalie me gusta si las puertas no están abiertas para todas las que deseen entrar con el corazón en la mano.

Creo que no estuvo bien que mi amiga me dejara como lo hizo. Sin embargo, le agradezco que lo hiciera, no para permitirme entender por qué lo hizo, sino por invitarme a pensar seriamente sobre la amistad y sobre ese nosotras donde tanto anhelo y busco vivir, con todas sus consecuencias.

Al principio me daba miedo escribir algo así, el título del libro, la sola idea de nombrar nuestro final, de aceptarlo. Pero llego hasta aquí con la sensación de que las consecuencias de pensar la palabra «amiga» han sido buenas para mí y que, quizá, podrían ser necesarias para todas nosotras. Es un ejercicio que requiere valor, además de amor, pues a ese lugar donde anhelamos encontrarnos con las otras nos dirigimos siempre solas. Y en ese lugar confluyen, como tan bien describió Lacey, lo imposible, lo peor y lo mejor de la amistad.

Y sola me he dirigido a este libro, al centro de una historia que no trata de ti, amiga mía, ni siquiera de nosotras, desde luego no solo. Creí que iba sola y en tu búsqueda, pero por el camino han aparecido muchas más y el nosotras destruido que formábamos las dos se ha ido haciendo más grande y también más fértil. Eso creo que lo sabes si has llegado hasta aquí. Con todo, y al final del camino, este final es solo para ella, pues ella es quien me ha traído hasta aquí.

Amiga, he pensado mucho en ti desde que me dejaste, y cuando parecía que había dejado atrás los momentos más difíciles de la experiencia de tu falta, he vuelto a pensarte en el proceso de escritura de estas páginas. He temido que pudiera disgustarte mi escritura, que es para mí lo mejor que tengo, a veces lo único. Me he esforzado para que no te sintieras expuesta aunque inevitablemente te vieras reflejada, he vuelto a lugares donde estuvimos juntas, he vuelto a llorar y también te he vuelto a abrazar. Y tú me has acompañado todo este tiempo. Tú, amiga mía, fuiste mi revolución, y tu abandono ha sido el alimento de mi pensamiento y de mi empatía. No me alegro de que me hayas dejado, pero ya no me asusta que lo hicieras. He besado la espina y no la rosa, e, igual que en la canción, no tengo miedo. No soy mejor porque me dejaras ni he aprendido nada tan valioso como para justificar tu pérdida. Pero por primera vez puedo pensar que me dejaste por algo mejor para ti y también mejor para mí. Y este libro es mi forma de creer en ello.